钢笔画·马

丁汉平 绘

上海书画出版社

前　言

钢笔画属于西洋画的范畴，是一个外来画种，其前身在西方是鹅毛管画。后来又衍生发展为文学作品的铜版画插图。今天我们能看到许多精美的铜版画插图，说明了当时西方钢笔画的兴盛繁荣。铜版画传入中国时，最早称为珂罗版画（corrode），也就是今天的腐蚀版画，包括铜版画、锌板画和玻璃版画。在西方的铜版画家中，为国人熟知的有荷兰的伦勃朗、瑞典的佐恩、德国的珂勒惠支等。用钢笔画素描的西方画家还有米开朗基罗、丢勒、梵高、马蒂斯等。国内知名的钢笔画、铜版画家有陈晓南、吴冠中、曹剑锋、刘秉江等。

钢笔画（包括墨水笔）是当今许多画家用于画速写的首选。因为它携带方便，又不会污损画面，便于保存。作画繁简相宜，既可以记录所见，也可以记录所思所想，包括突发的灵感或创作的草图。

速写是伴随画家终身的必修课程。速写与素描是互相关联的。他们之间你中有我，我中有你。速写可以锻炼我们迅速、果断、肯定的作画能力。速写以及素描的核心技术就是善于控制整体的能力。这也就是人们所谓"观察力敏锐"的注解。只要能熟练地控制整体，其落笔必然就举重若轻，显得大气、洒脱。

绘画基本功的提高有赖于画家勤奋地练习，有时甚至需要高密度的训练（首先要在正确方法的指导下）。其次，保持作画的技能，同样需要不断地实践，即遵循"拳不离手，曲不离口"的古训。如此方能保证画家旺盛、敏锐的绘画创作活力。"业精于勤，荒于嬉"，"熟能生巧"才能更上一层楼。

钢笔画是当年美术学院版画系的必修科目。课程要求学生完成全因素素描那样调子丰富、结构完整的钢笔人物肖像。同学们于是自制了深浅不同的墨水并运用粗细大小不同的蘸水钢笔来应对作业的要求。为了更艺术地表现对象，同学们后来也尝试使用竹笔、芦苇笔、棕榈杆笔和麦克笔等不同的绘画工具，由此产生了意想不到的绘画效果。为了画出粗线条，有的学生还创造性地把钢笔尖弯曲成翘头笔。这也就是后来钢笔厂批量生产的宜书宜画美工笔的前身。

　　钢笔画排线又复叠的画法有着丰富的表现力，它犹如一张罩向对象的"网"，使各种造型因素处于相互联系、相互观照的控制之下，因而有利于对整体的把握，成为一种很好的基本练习的选择。

　　记得在我很小的时候在朋友家看到文具盒上印制了漂亮的奔马，当时就令我兴奋不已，并给我留下了深刻的印象。此后我始终留意搜集各种马的形象，并关注各种有关马的信息，成为爱马人士中的一员。马是美丽、英俊、潇洒、矫健、温顺的动物，是人类的好朋友，好帮手。在古代还是我们的好战友。

　　当然欧洲的各种赛马（包括著名的汗血马）体型高大俊美，自不待言。即如彪悍的能吃苦耐劳的蒙古马也深受我国人民的喜爱，曾经为中华民族立下过汗马功劳。此外还有负重拉车的驭马和可爱的矮马。在我国西北部还生活着特有的普氏野马。

　　这批钢笔画是我早年兴致高昂时对马的摄影画册所作的钢笔画临摹。现在回过头来看这批画作的质量还算上乘，因此付梓出版，以飨同好。

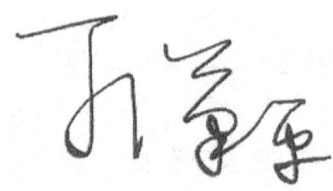

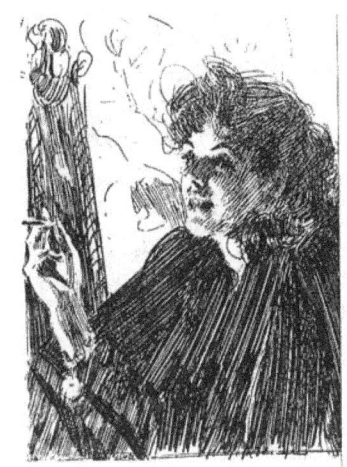

佐　恩	伦勃朗
曹剑峰	刘秉江
陈晓南	米开朗基罗

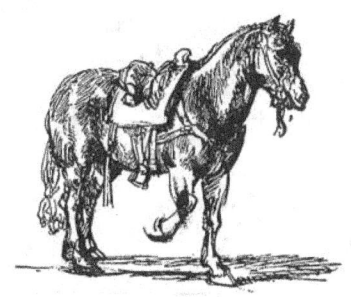

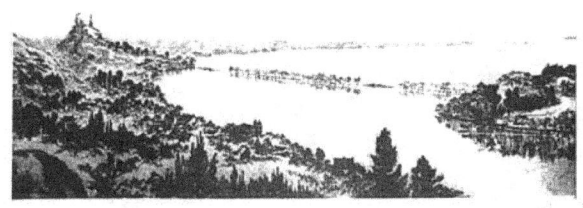

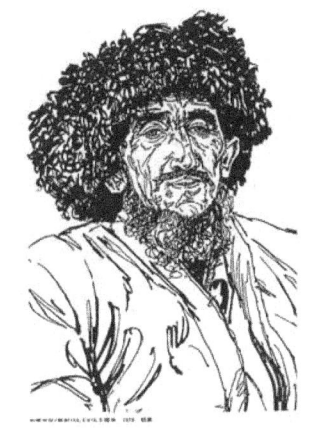

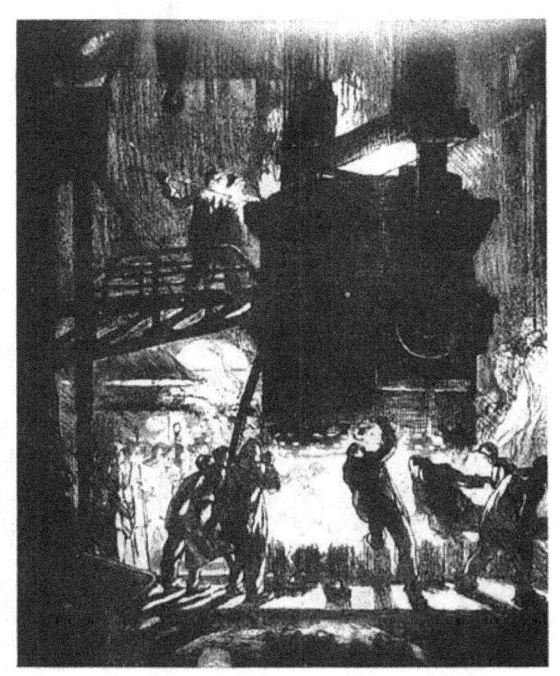

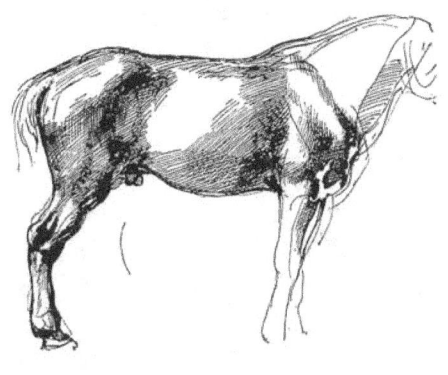

丁汉平的钢笔画和铜版画

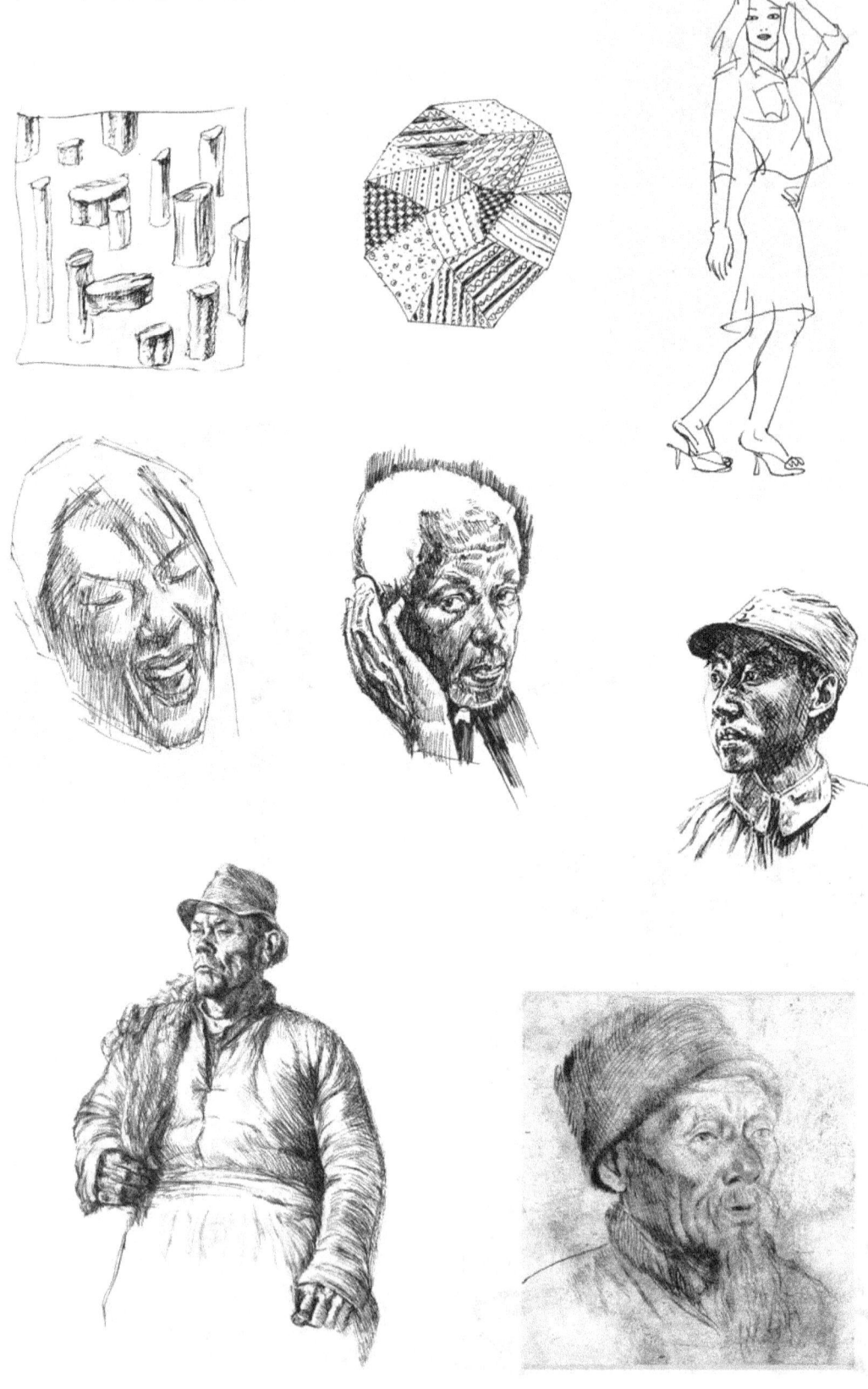

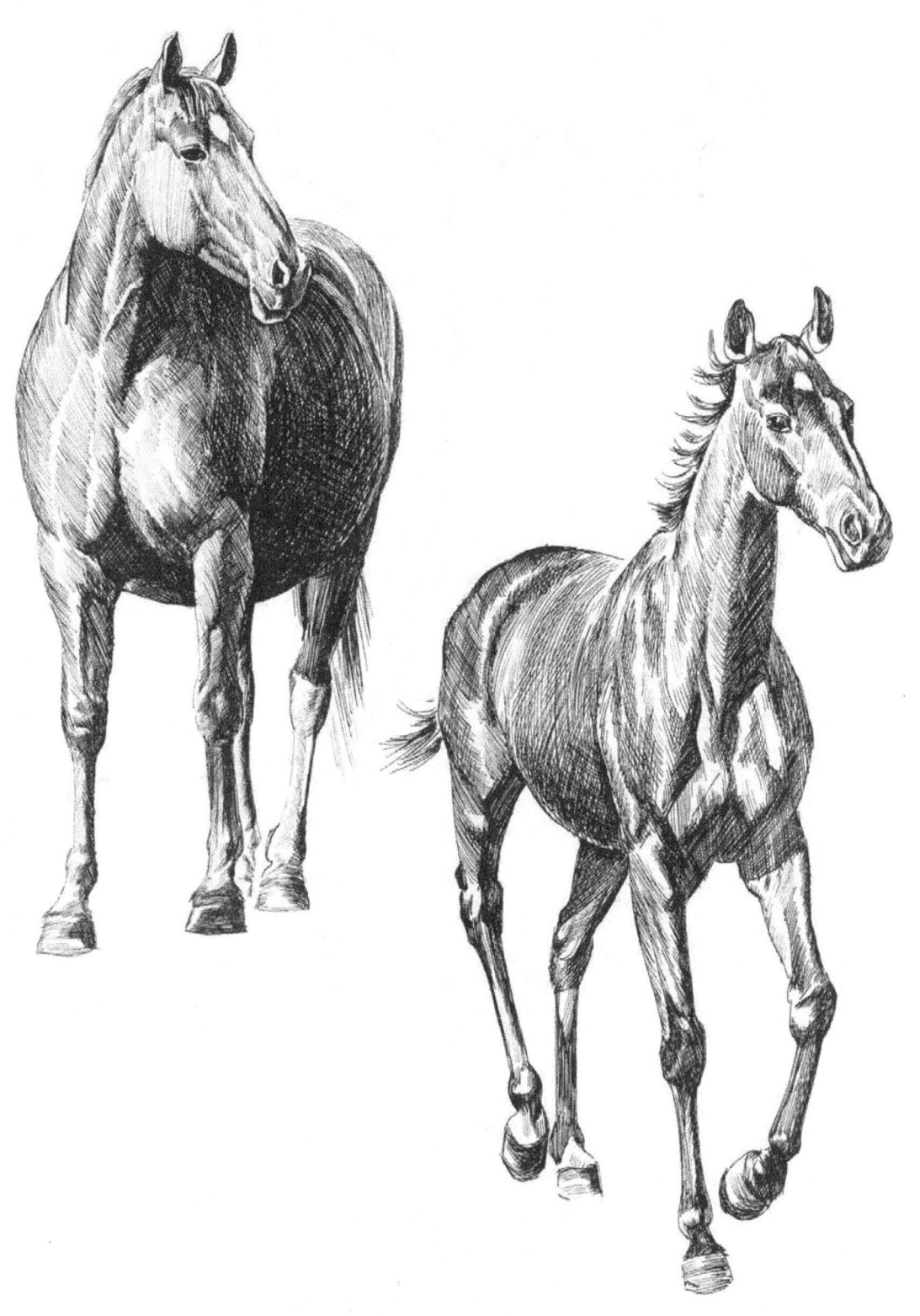

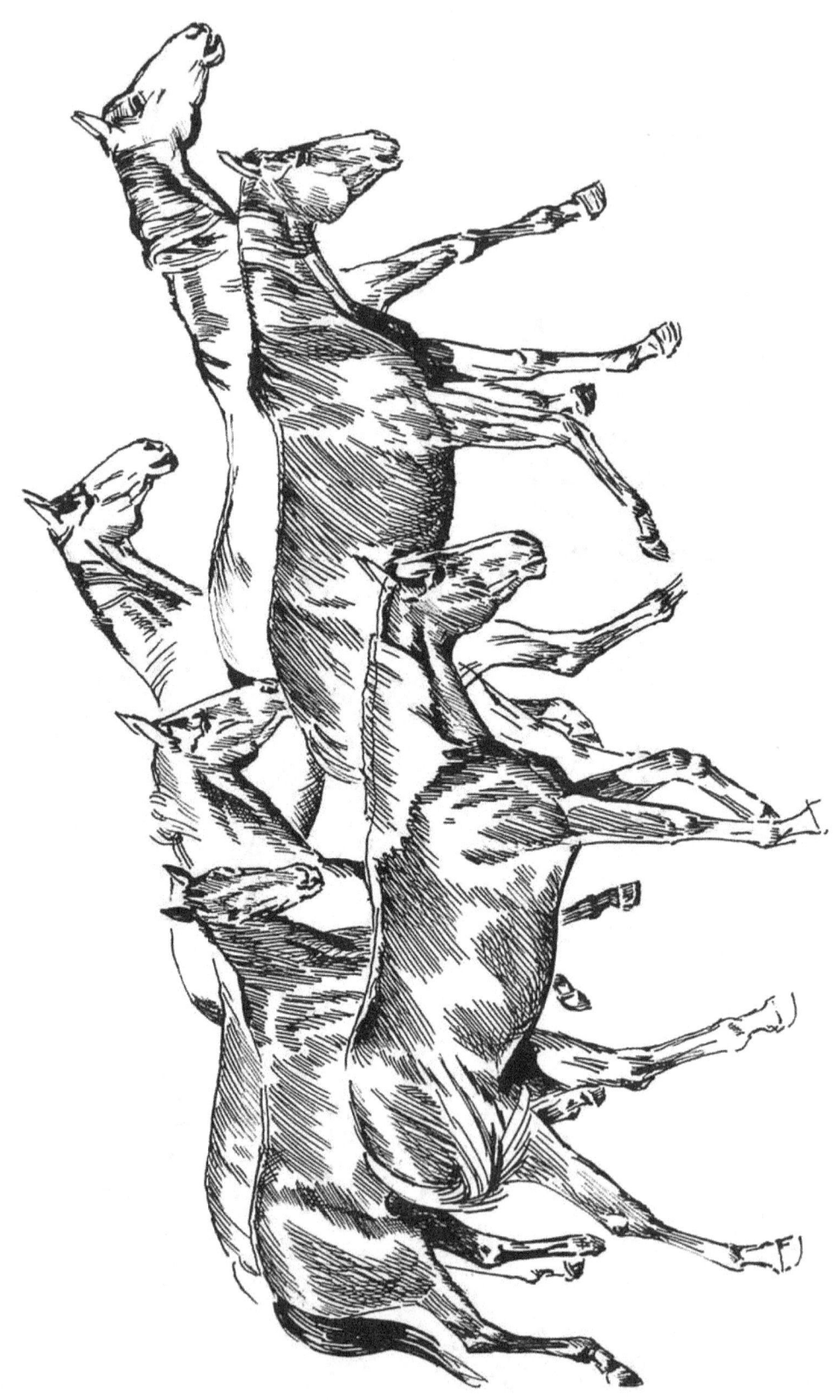

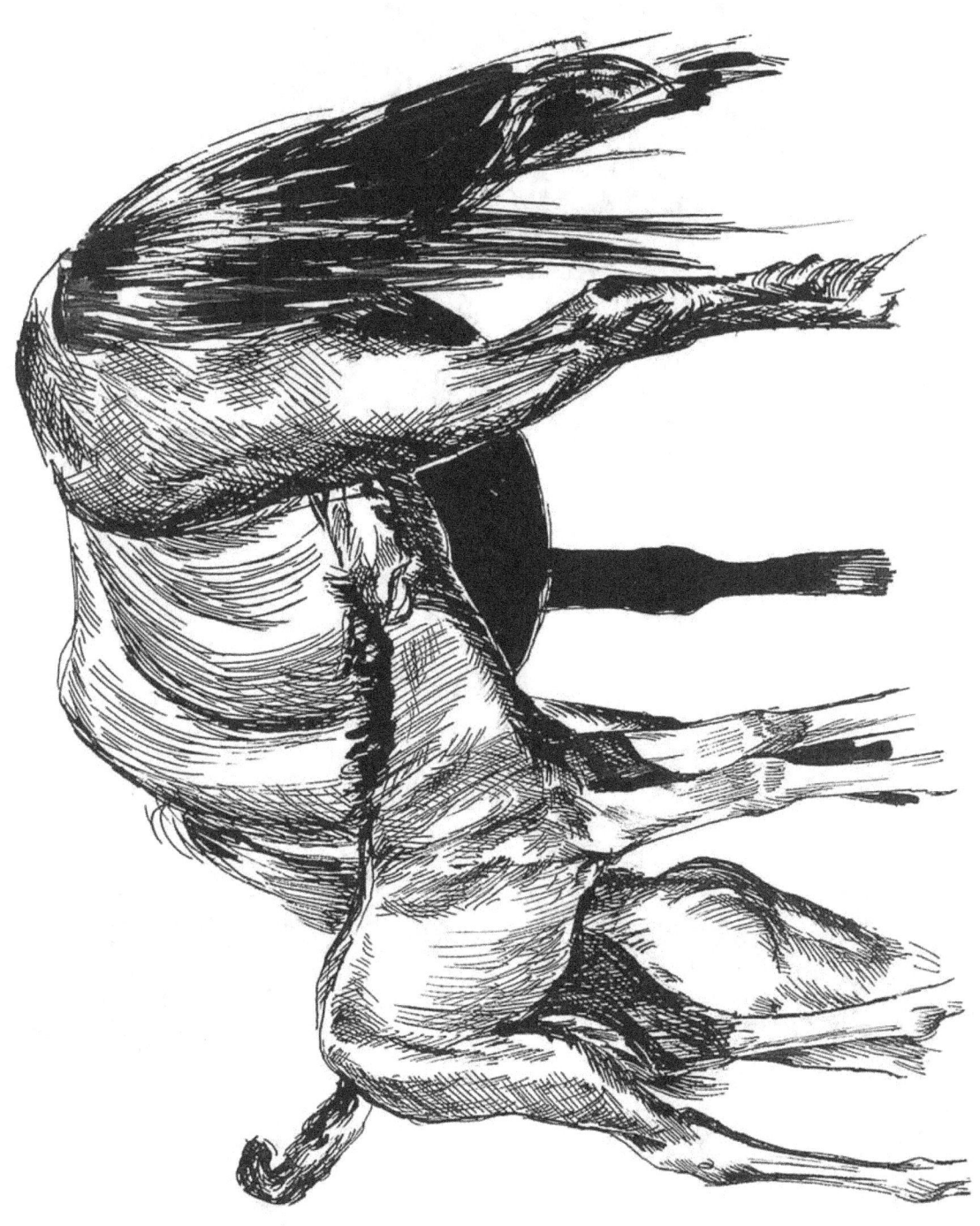

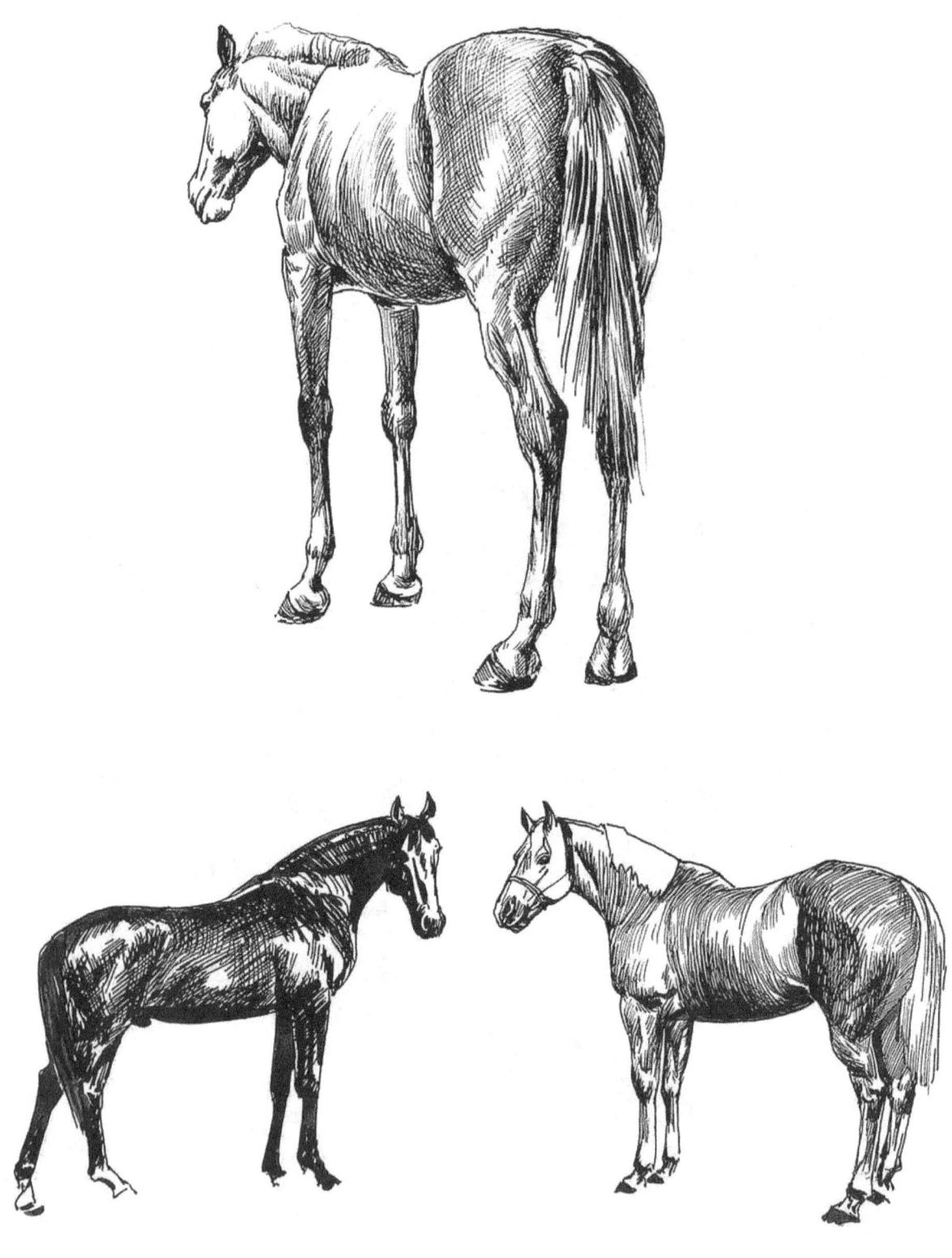

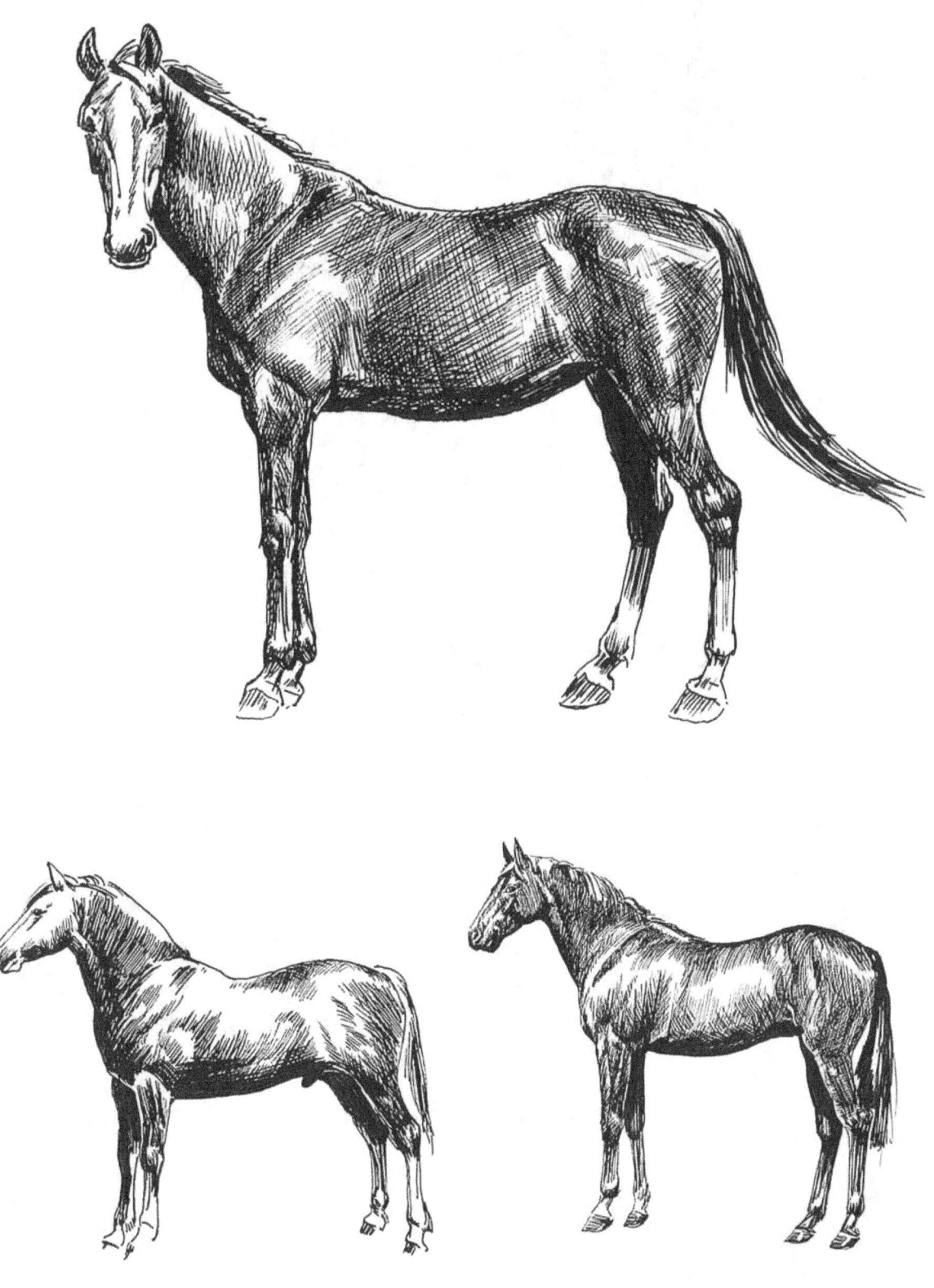

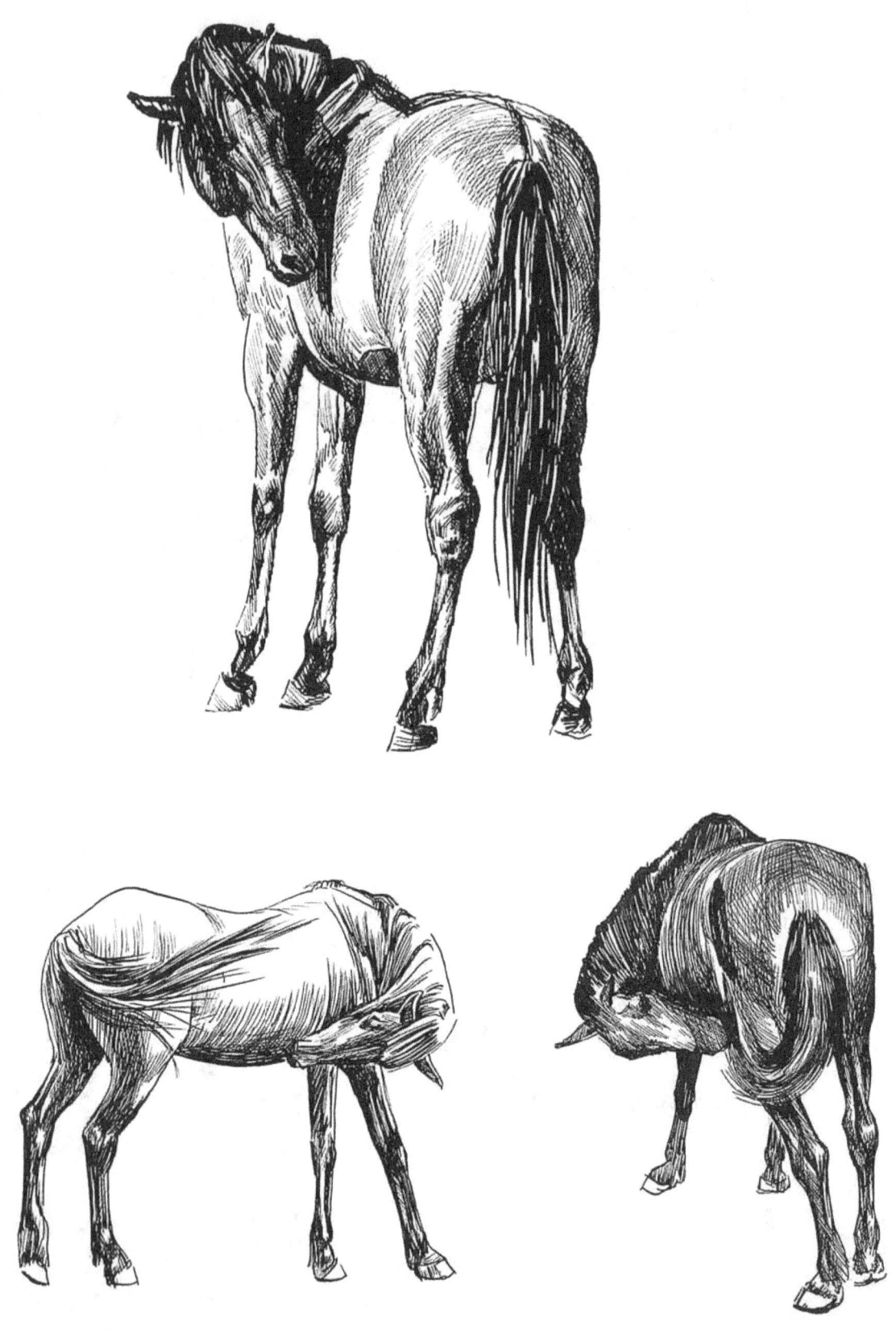

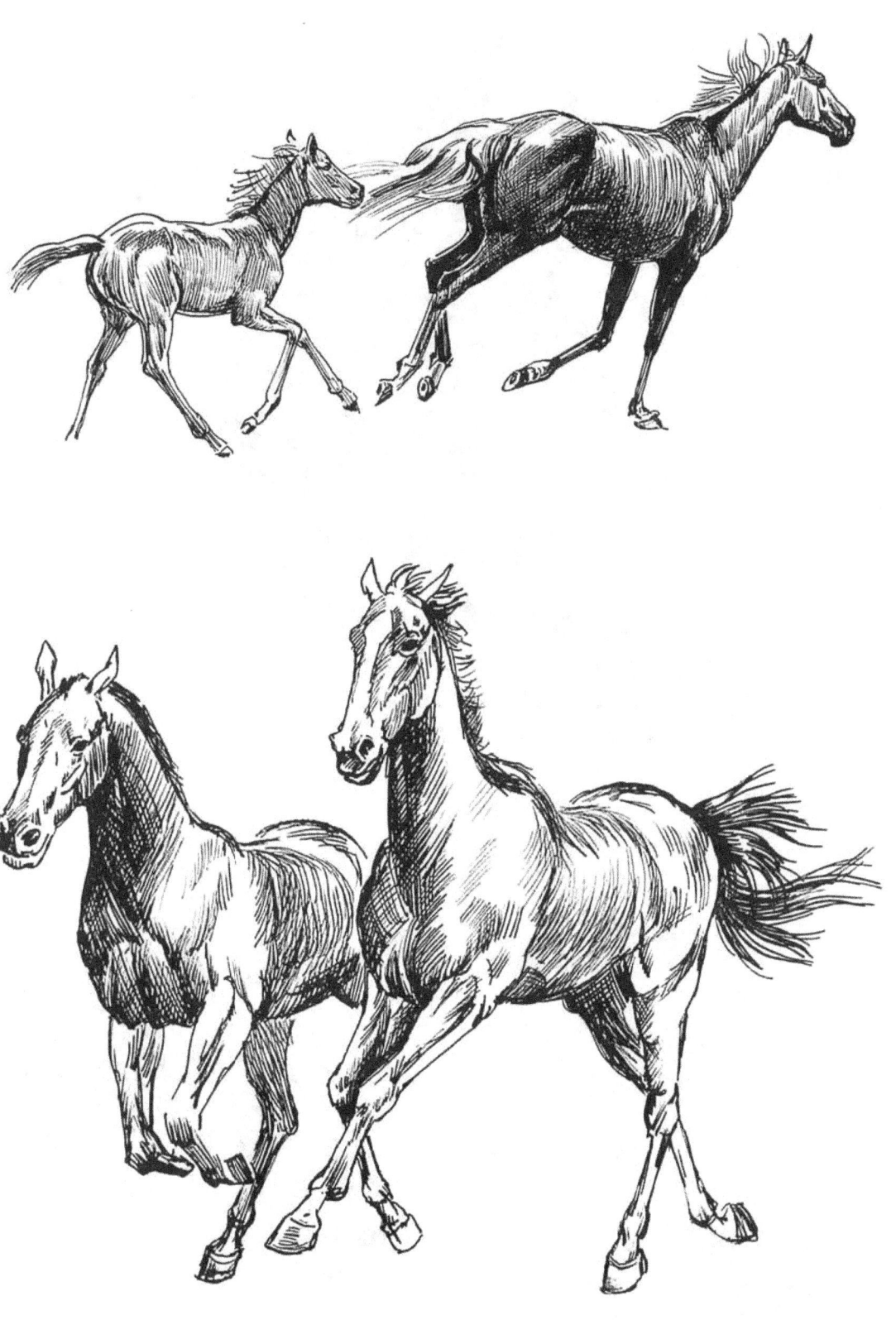

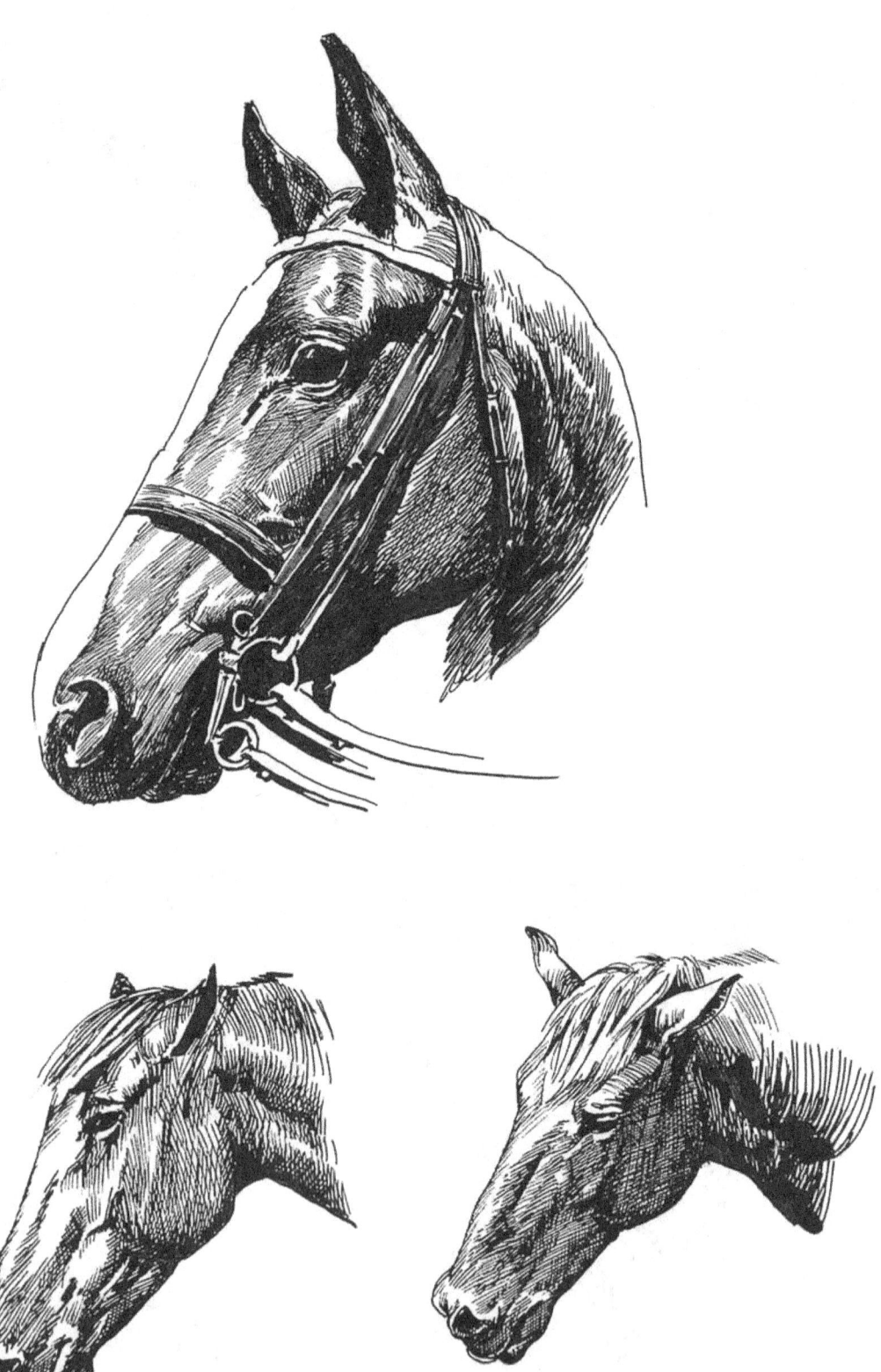

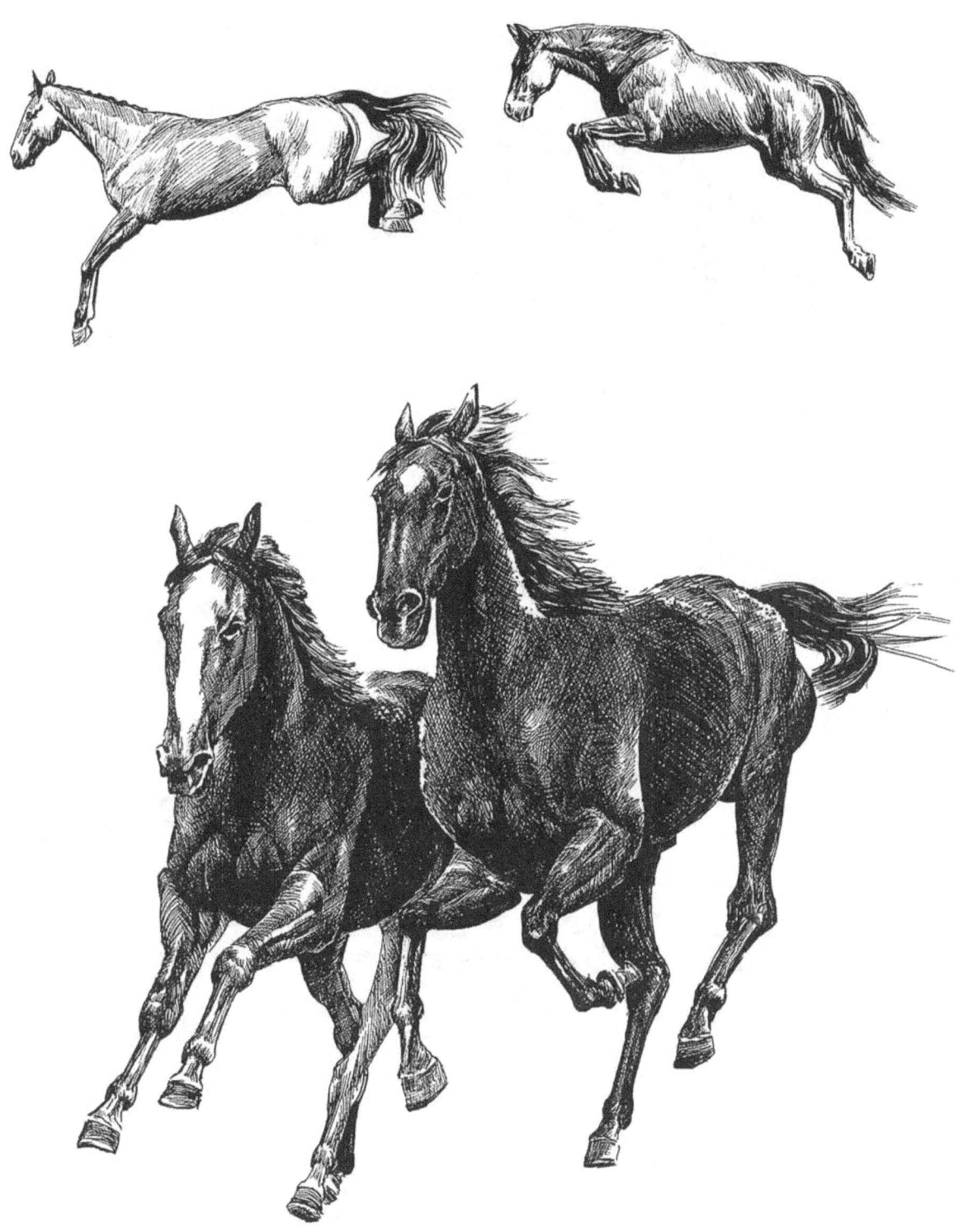

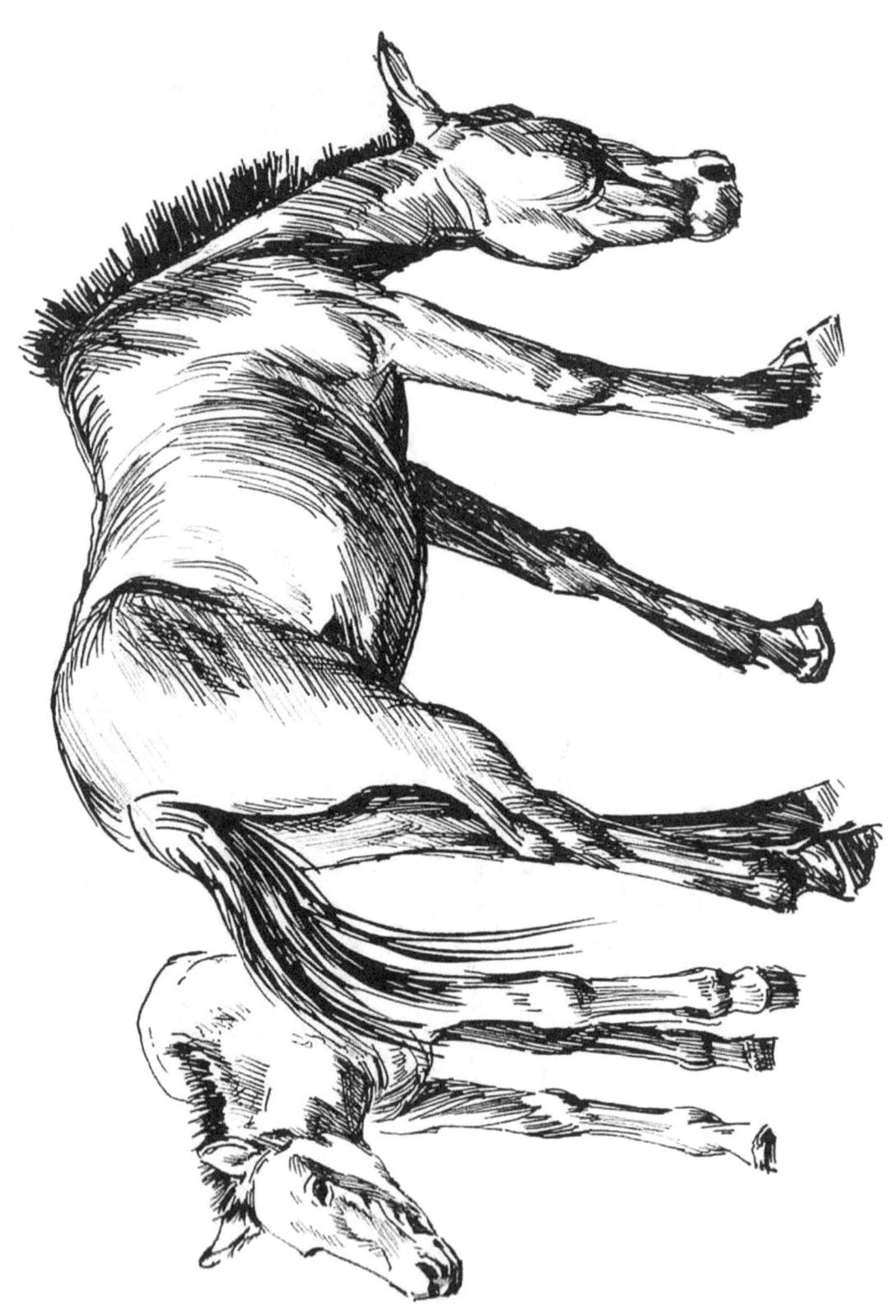

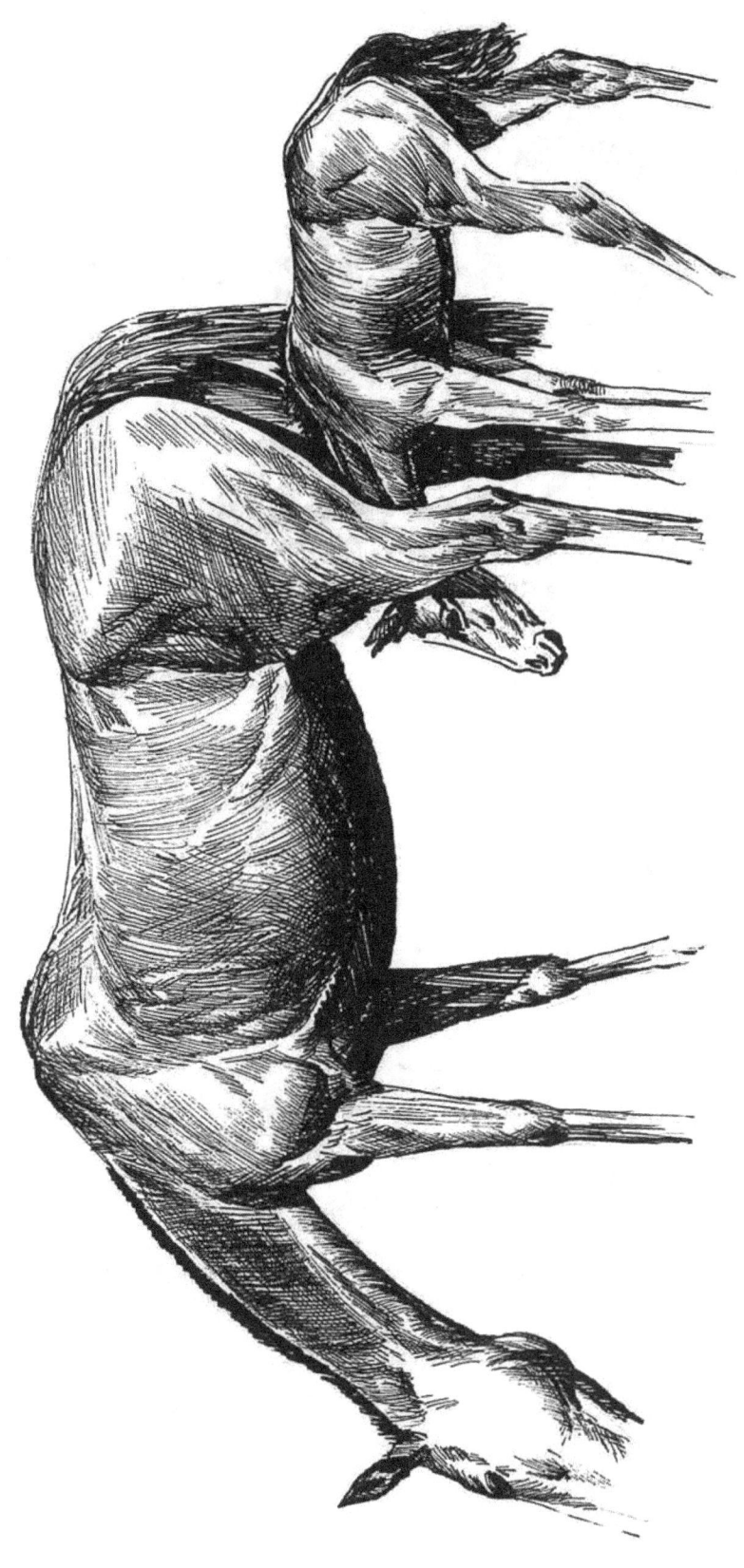

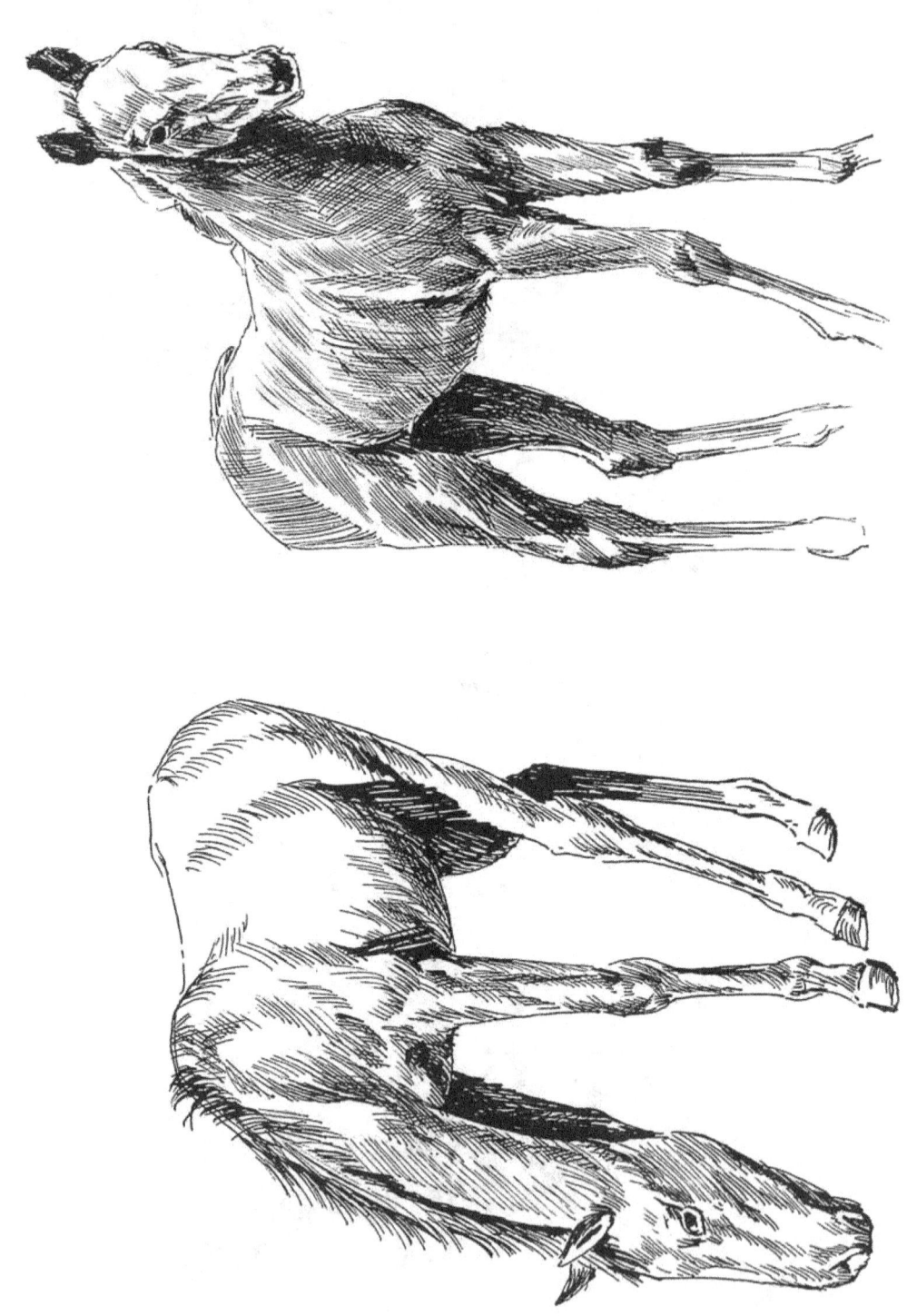

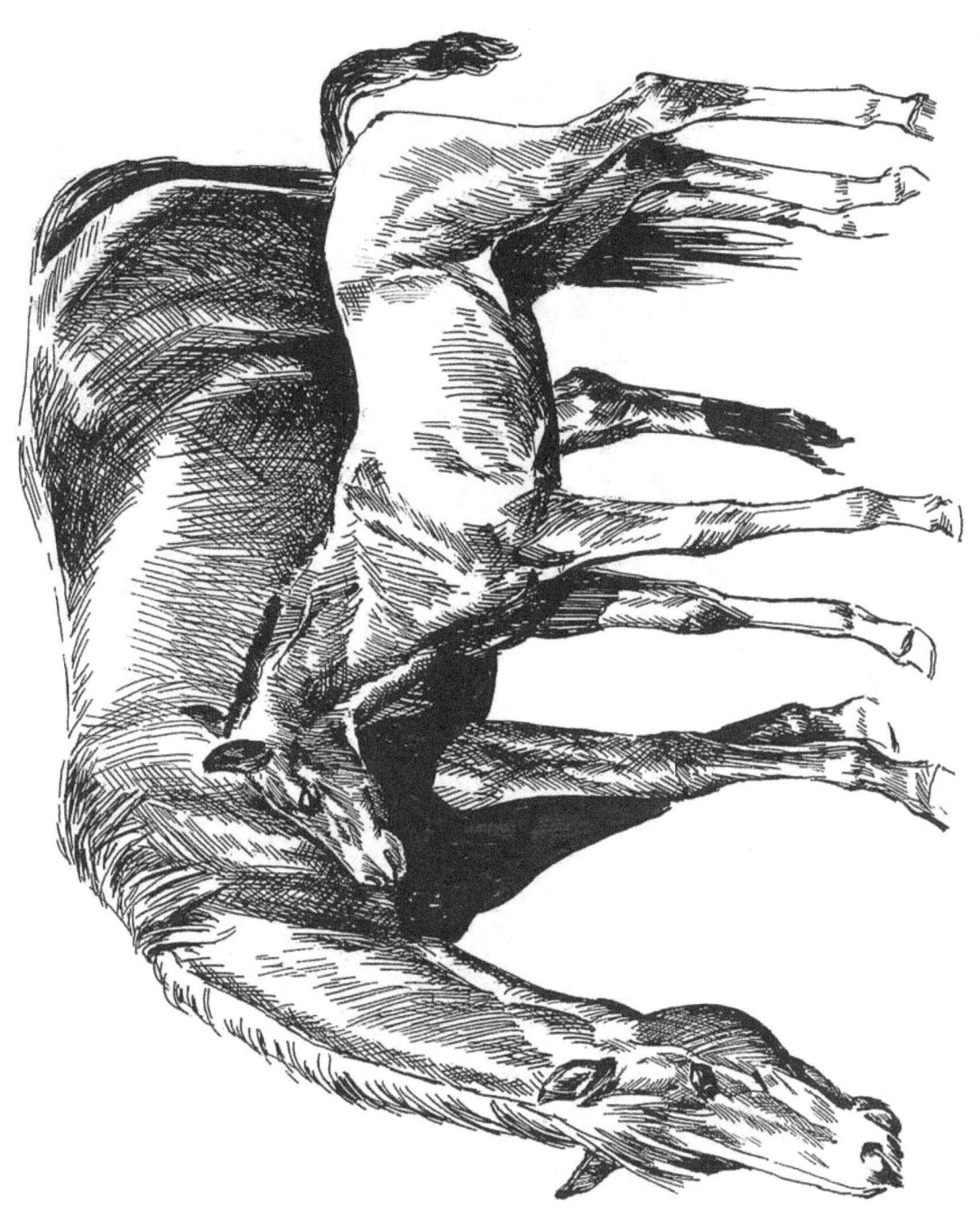

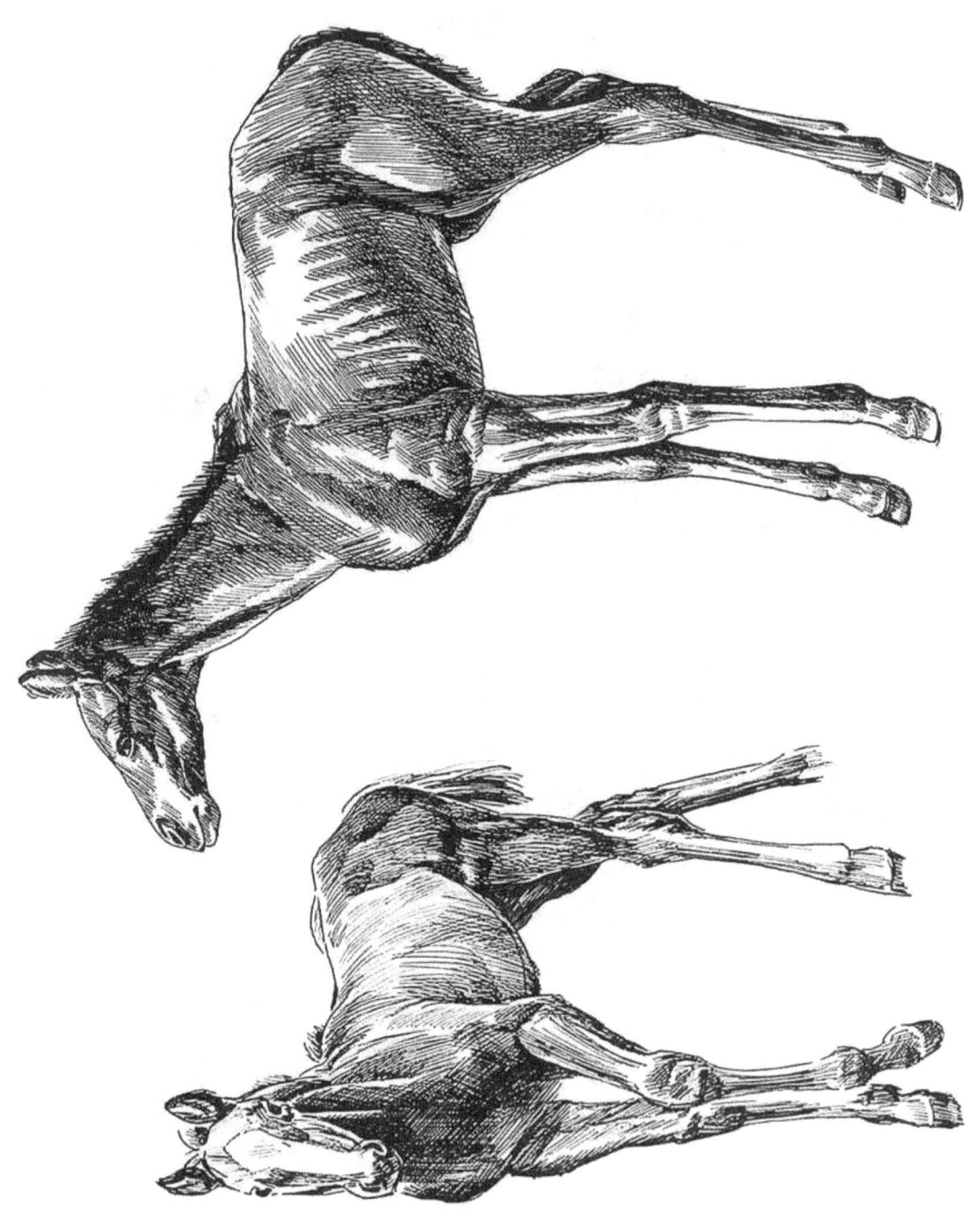

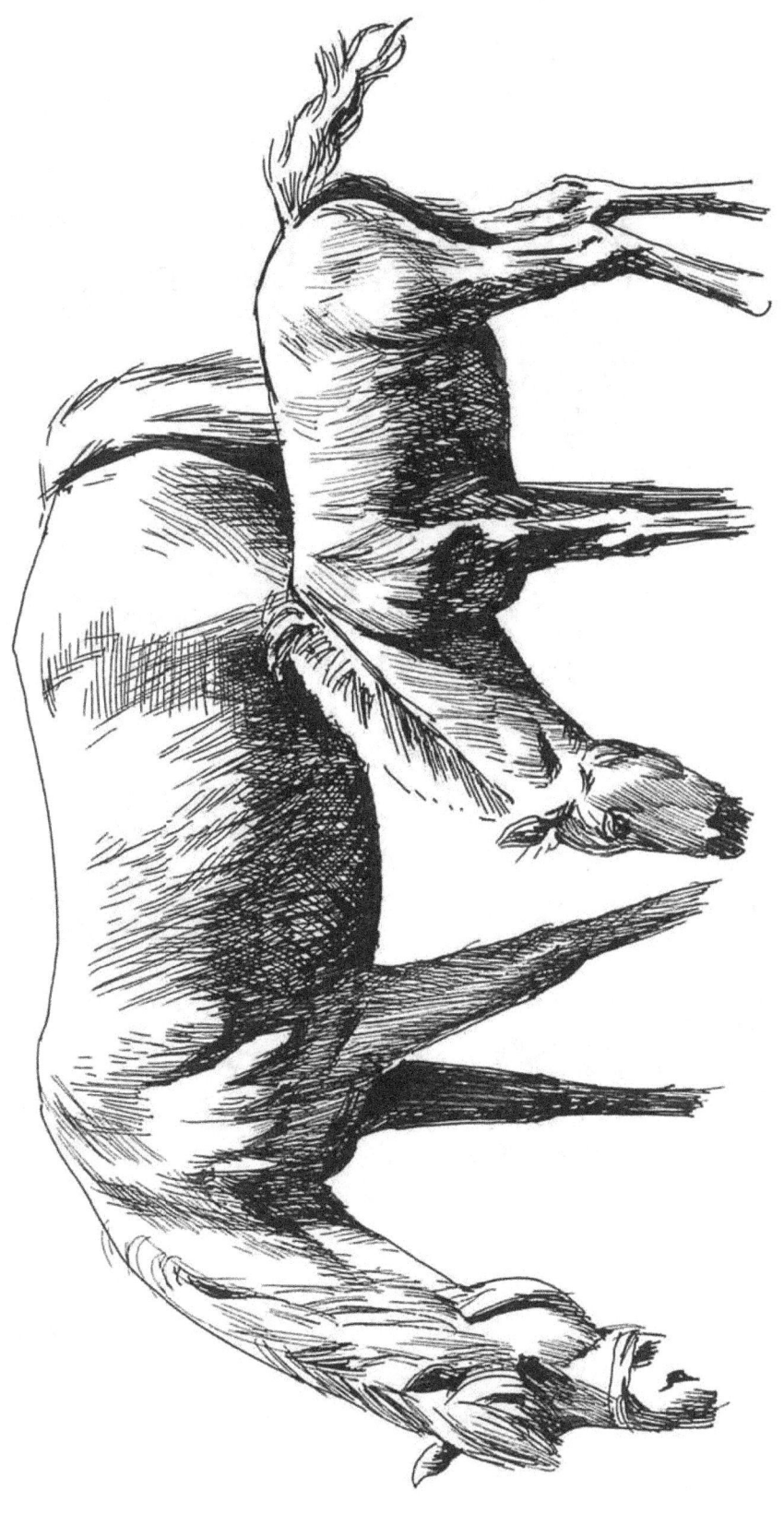

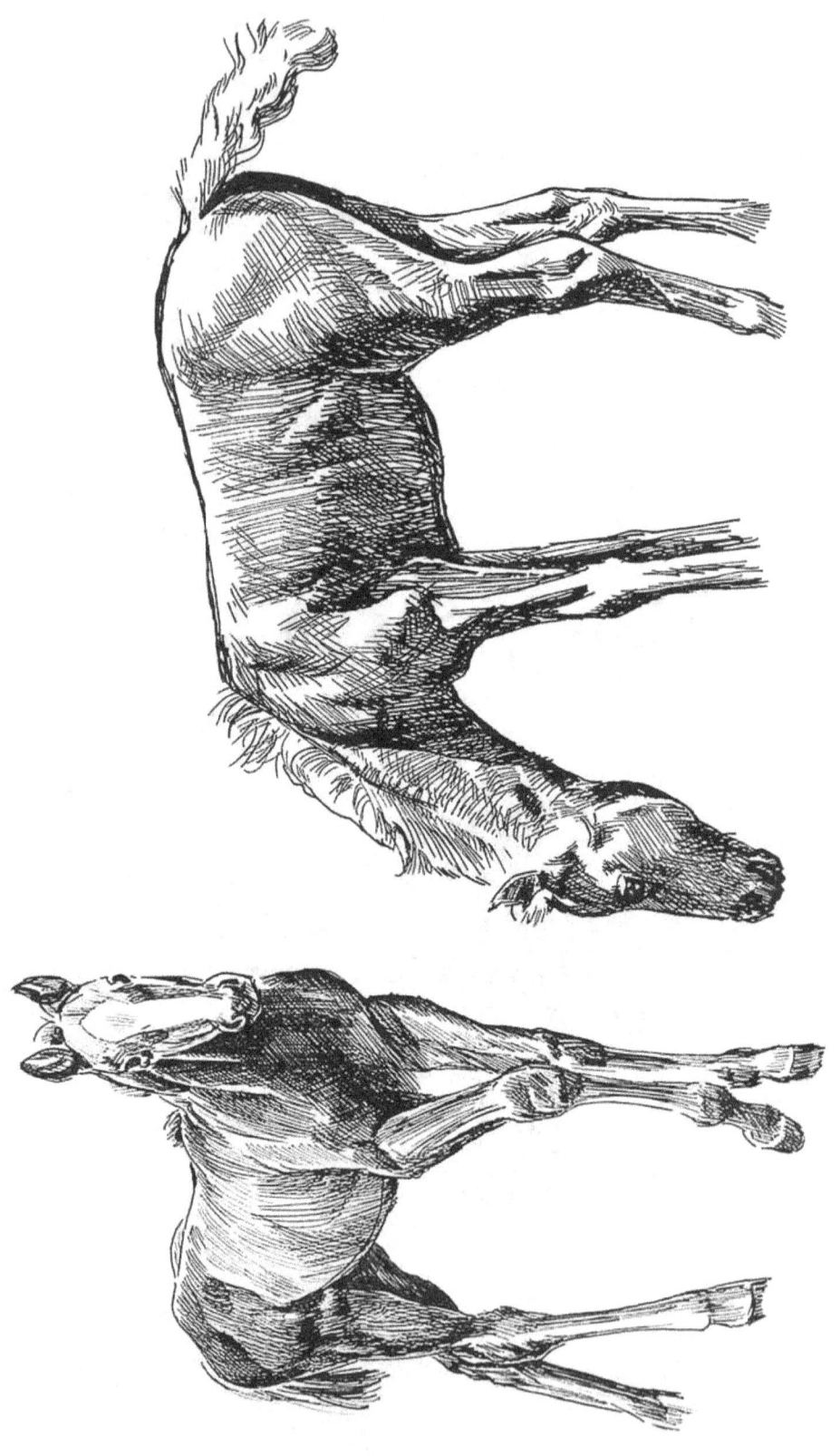

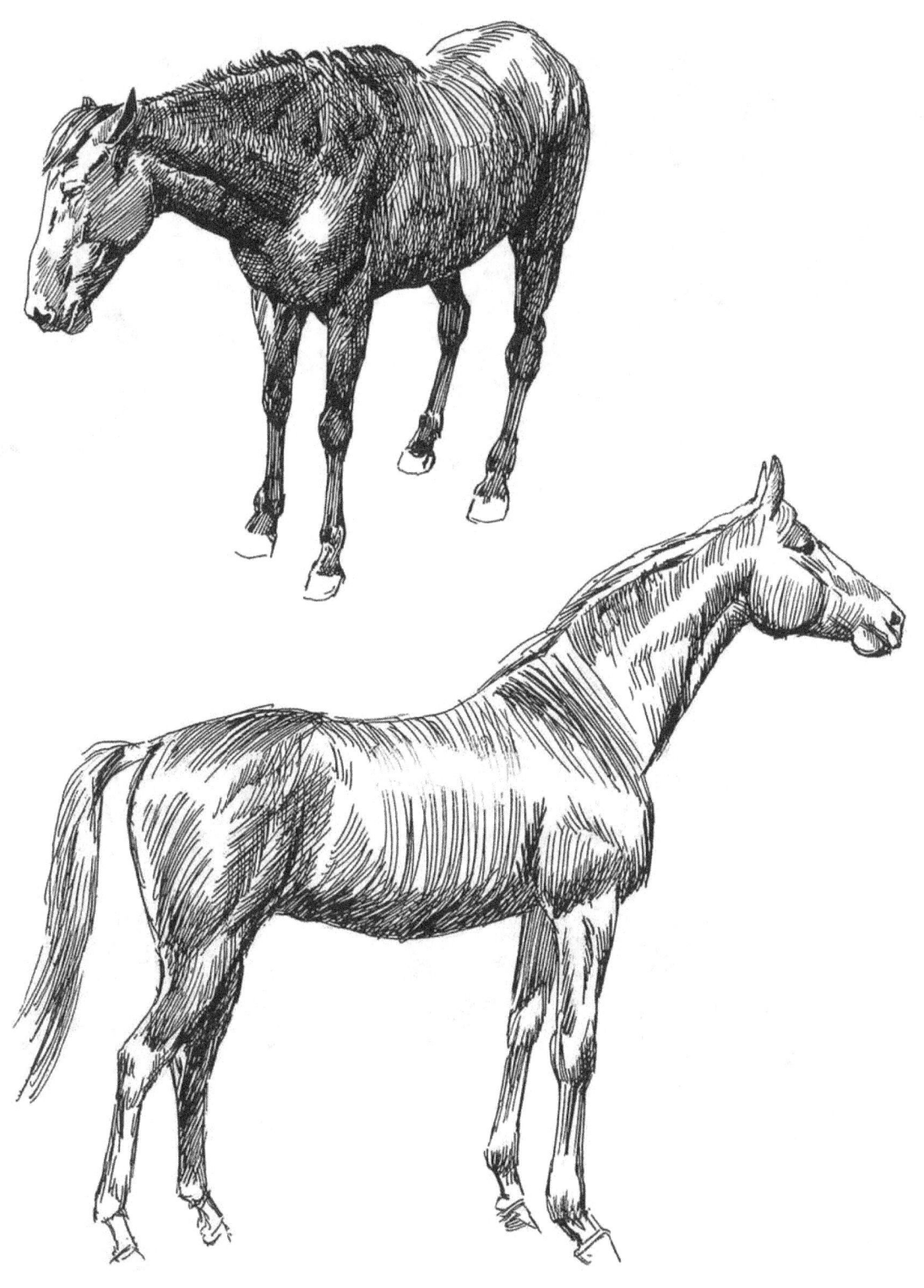

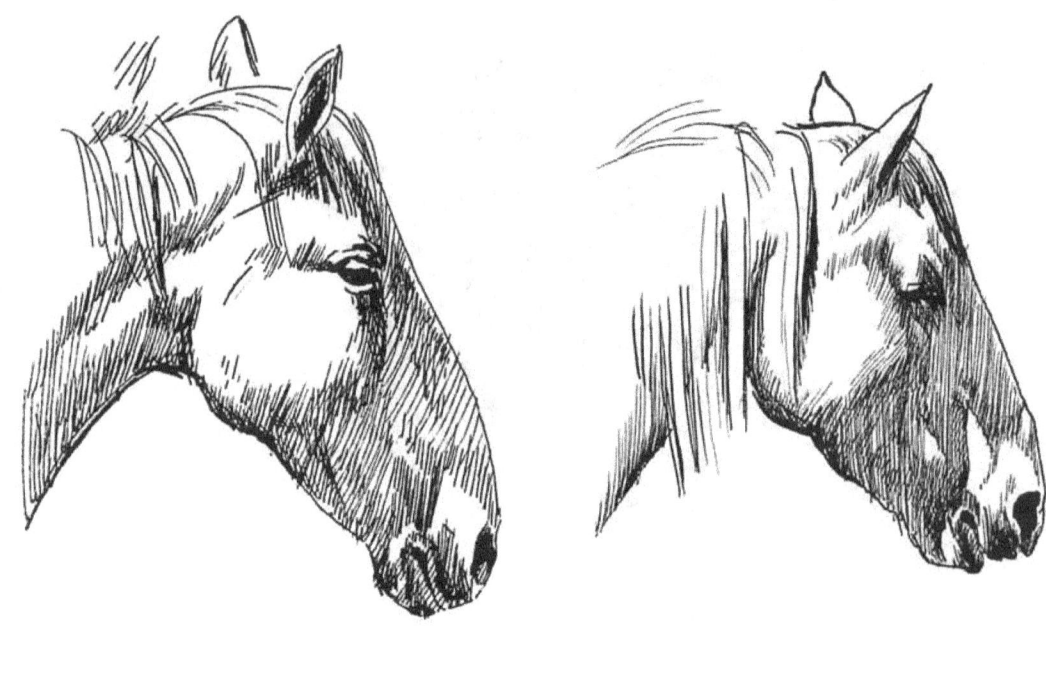
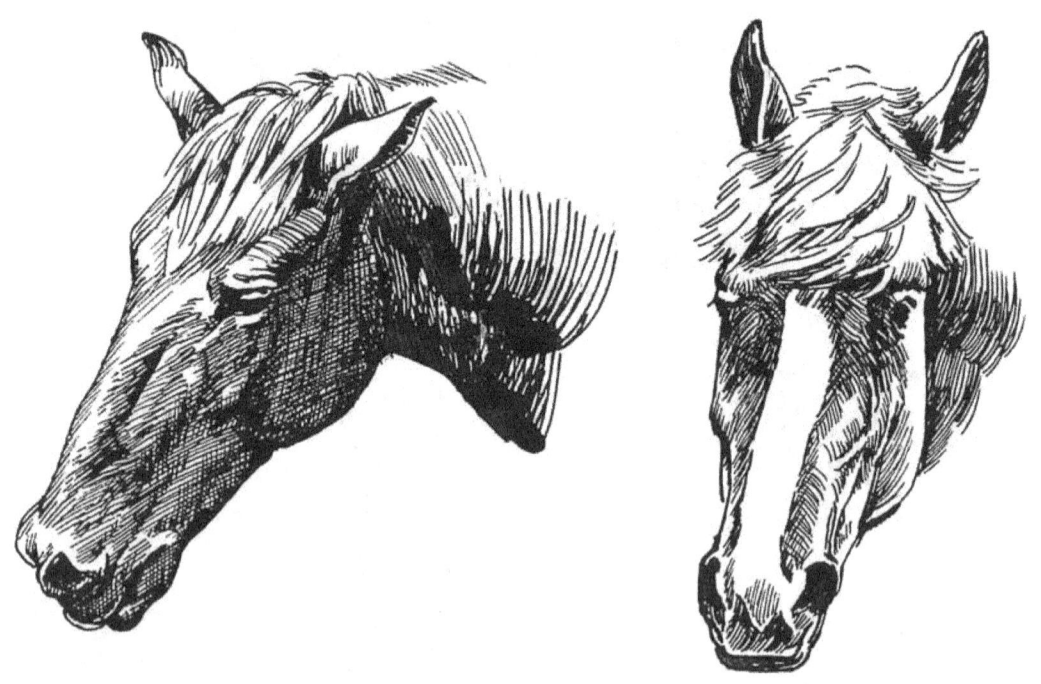

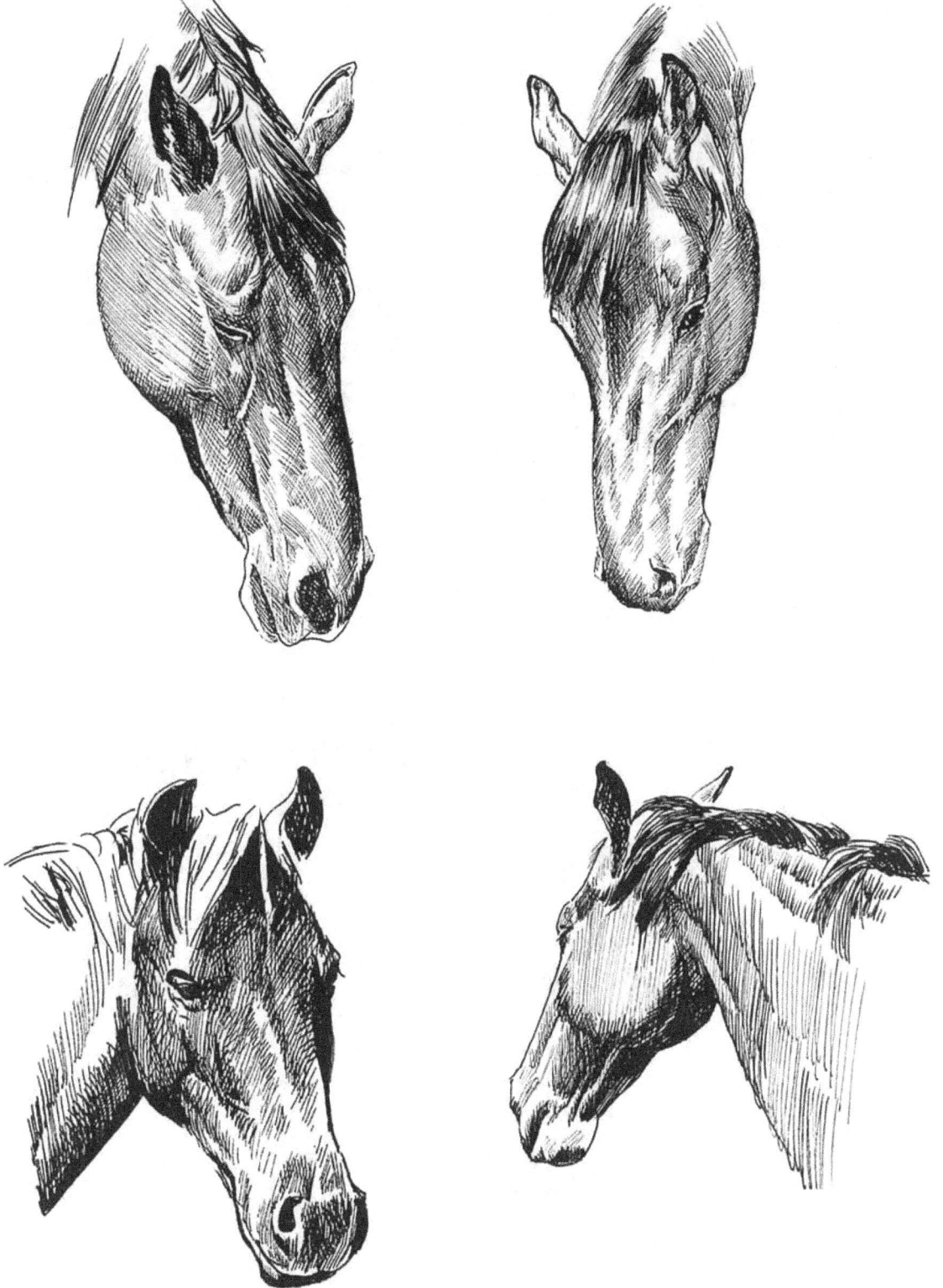

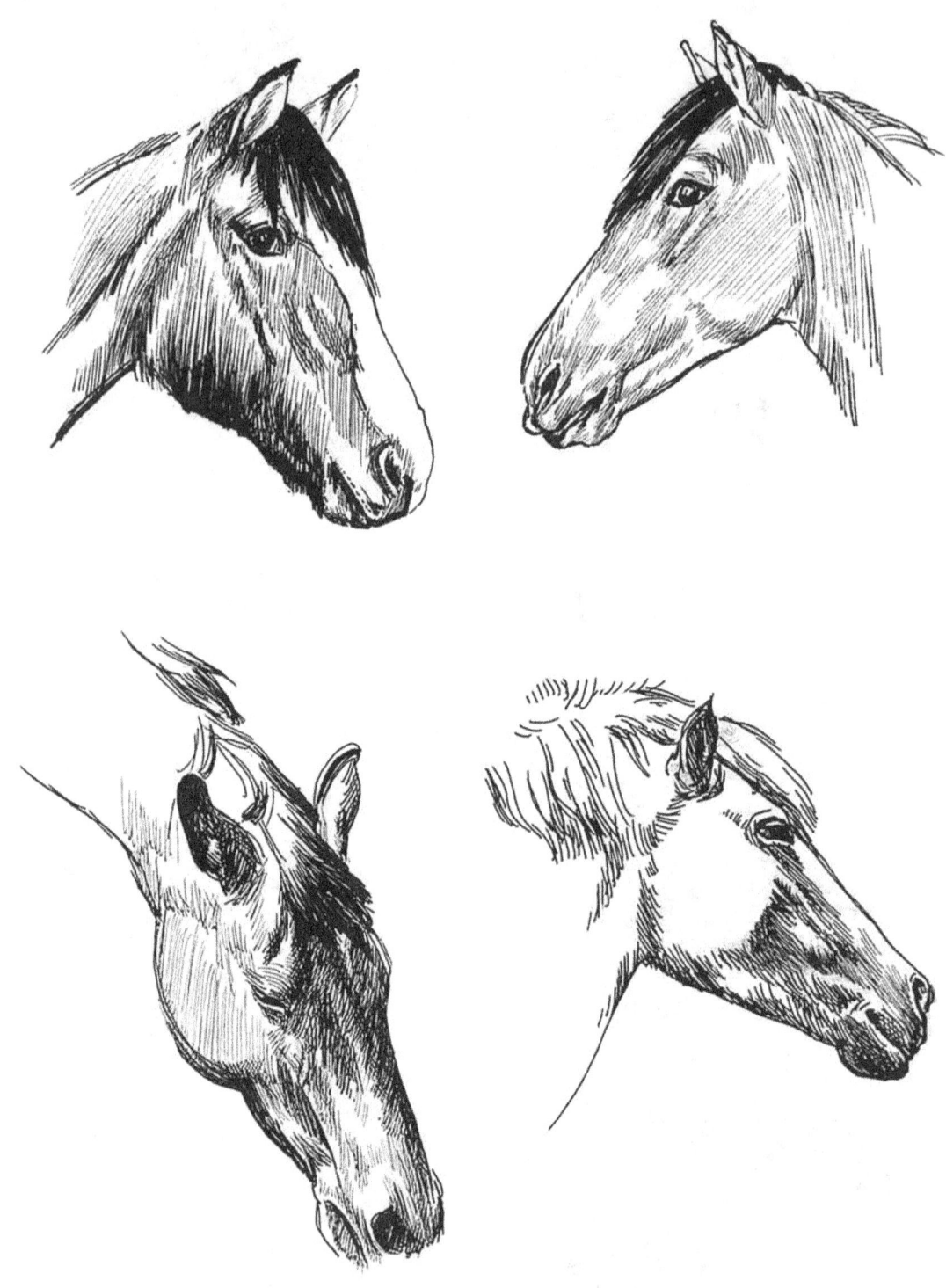

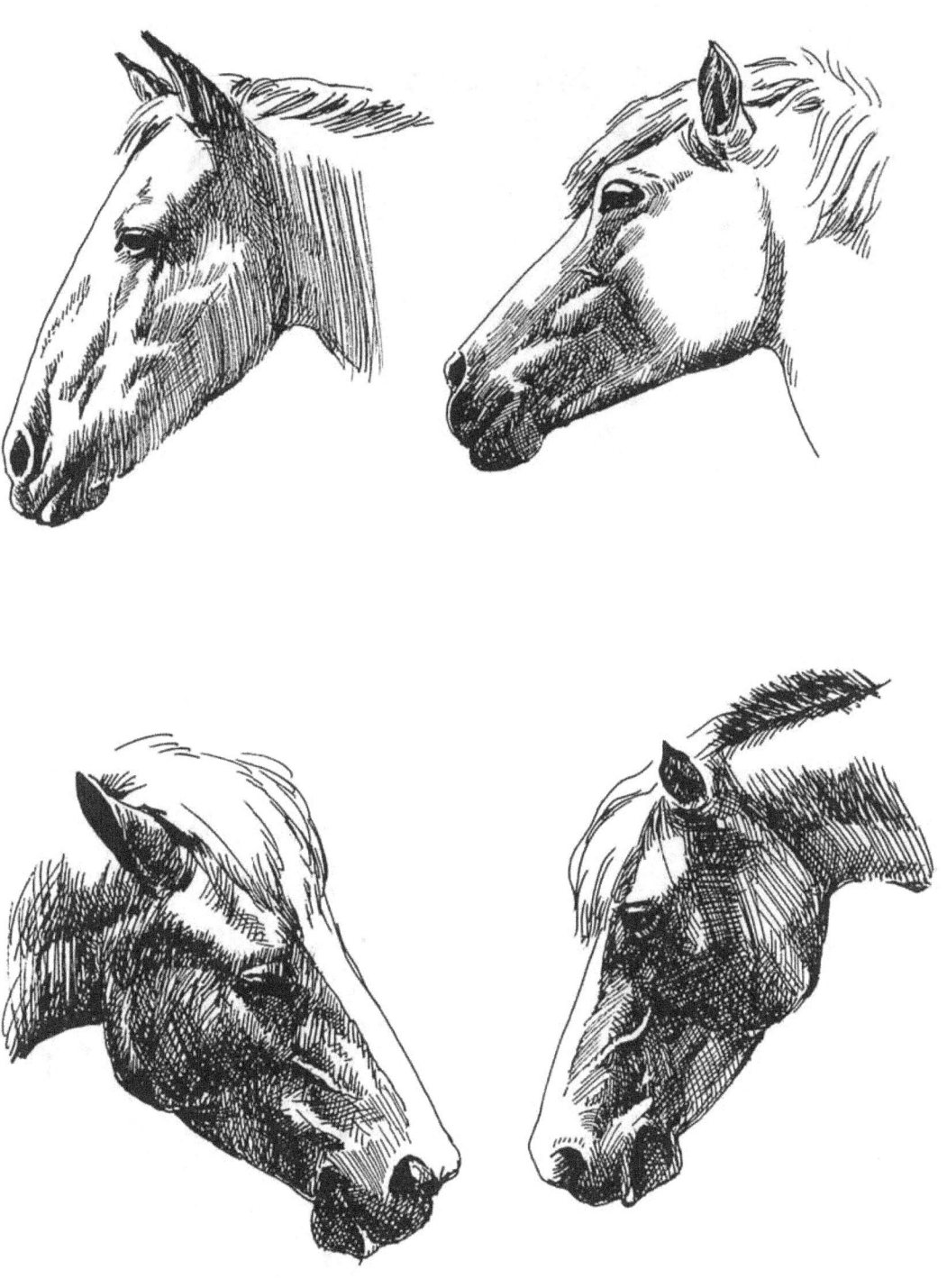

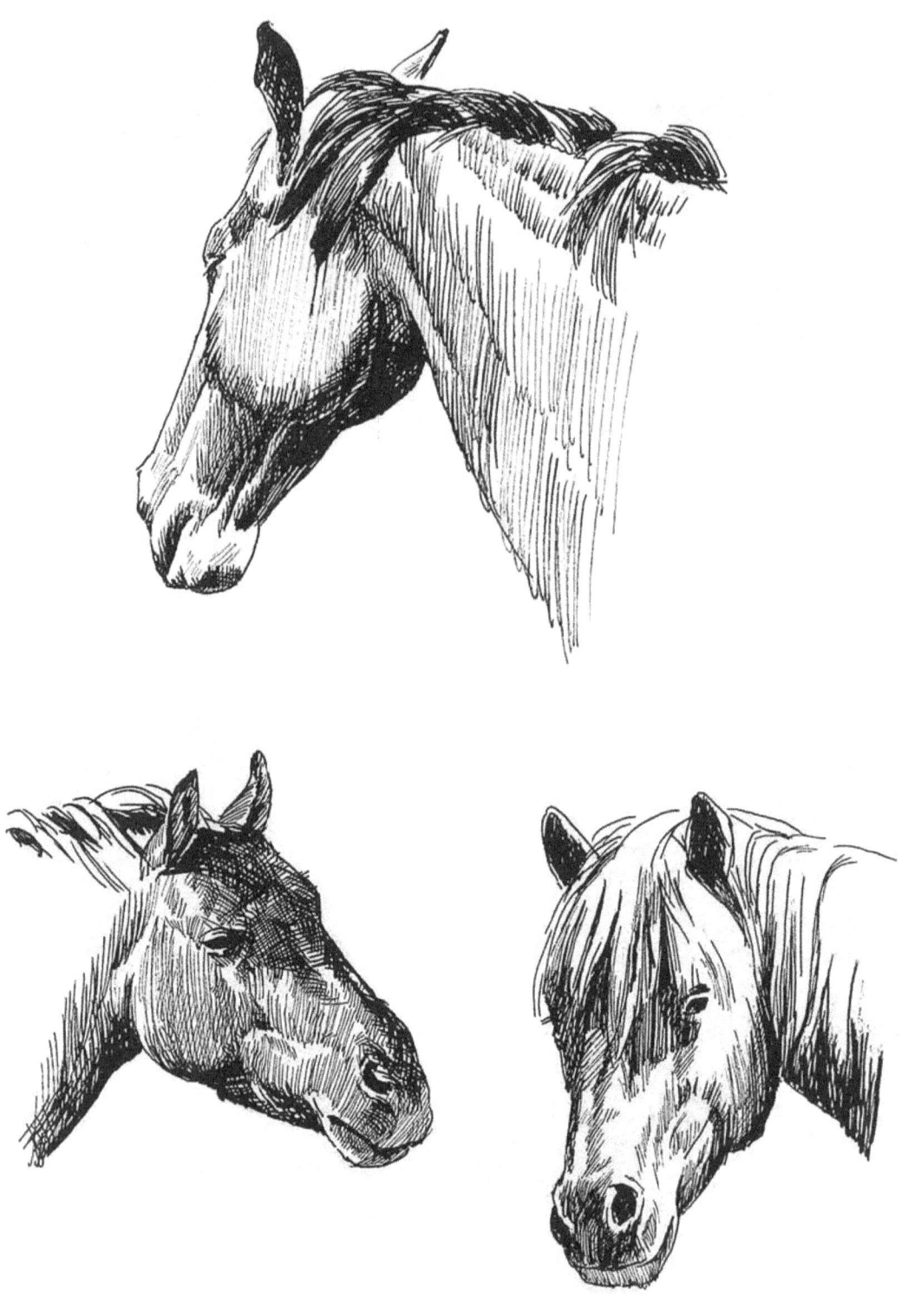

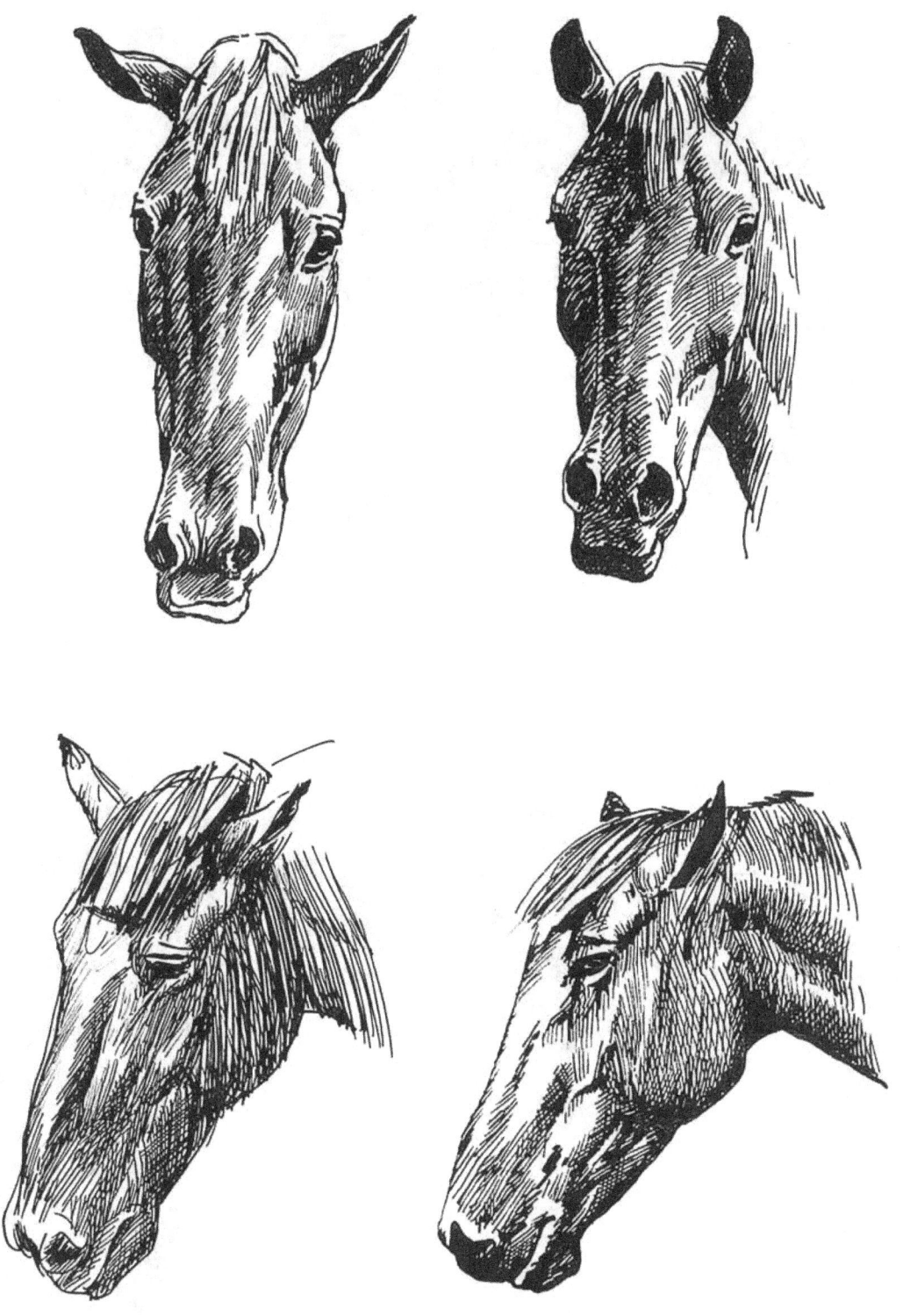

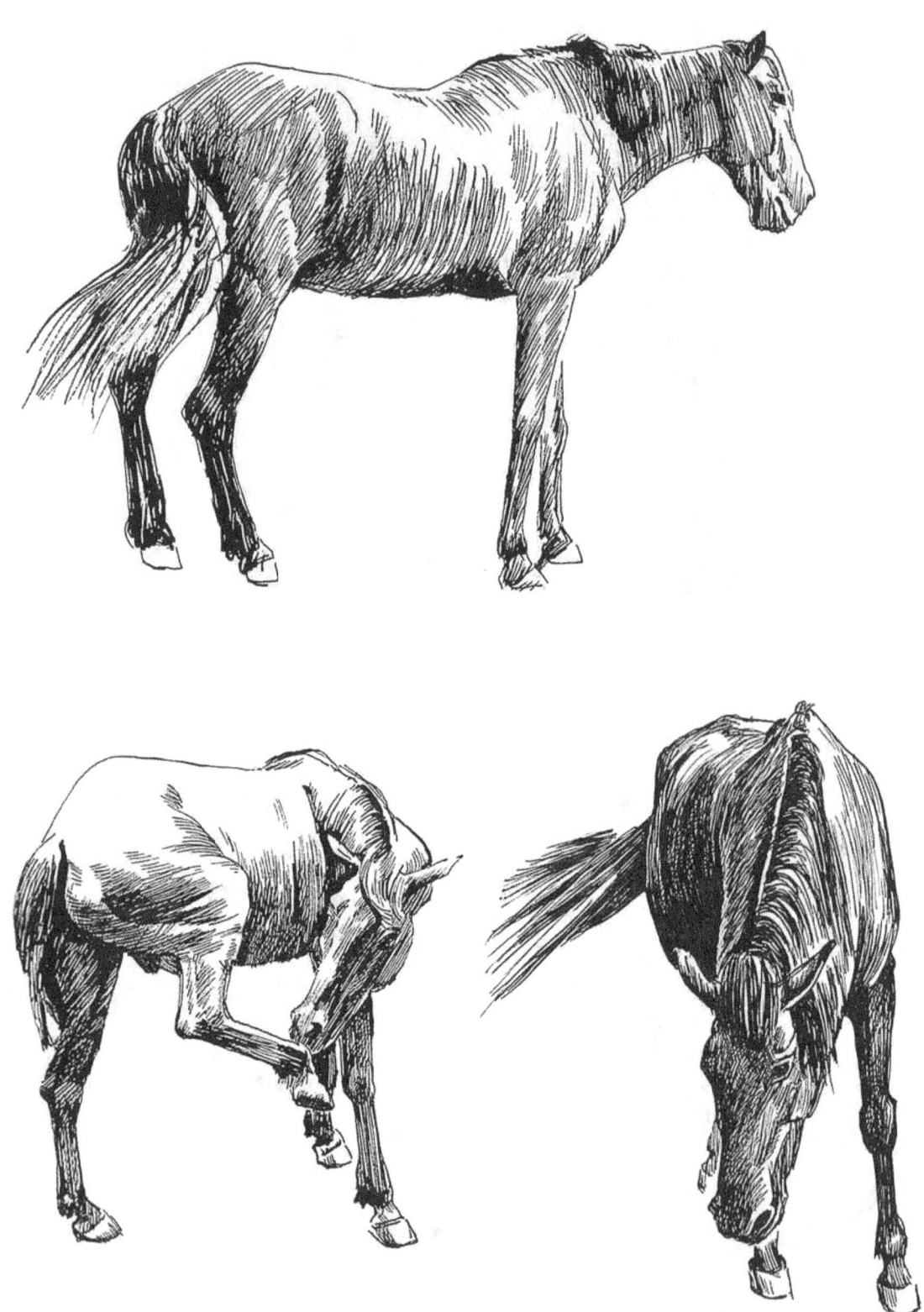

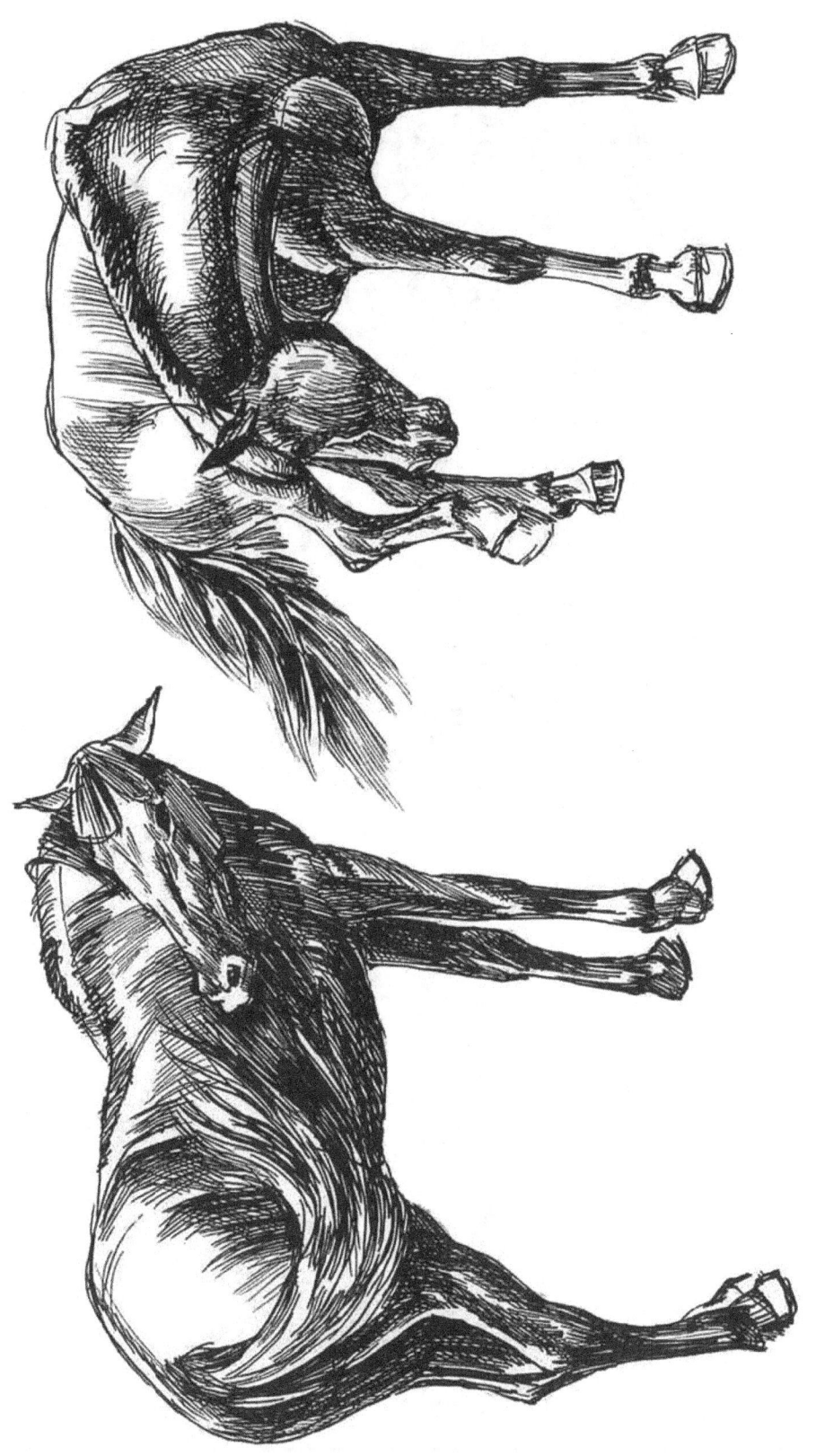

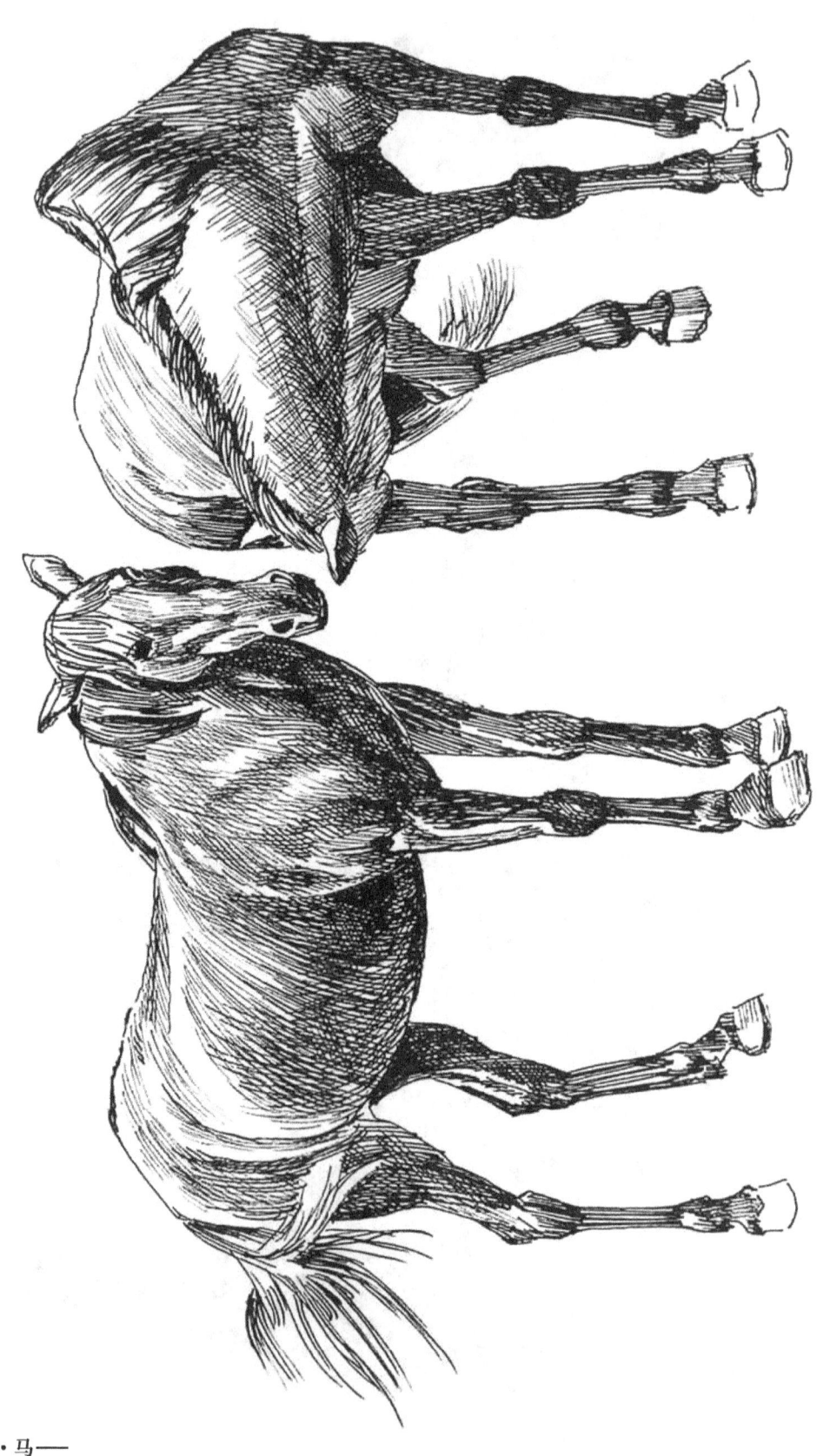

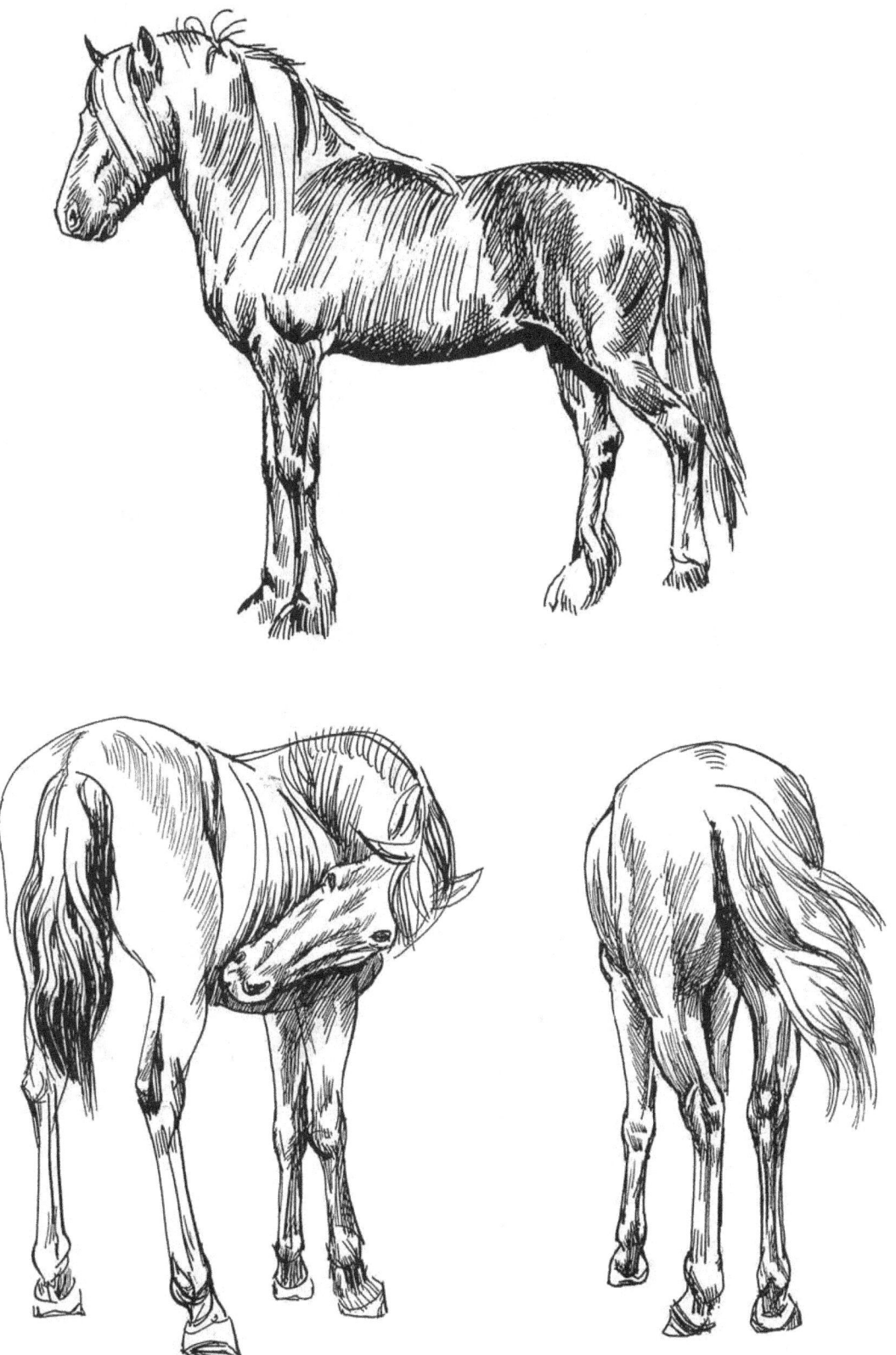

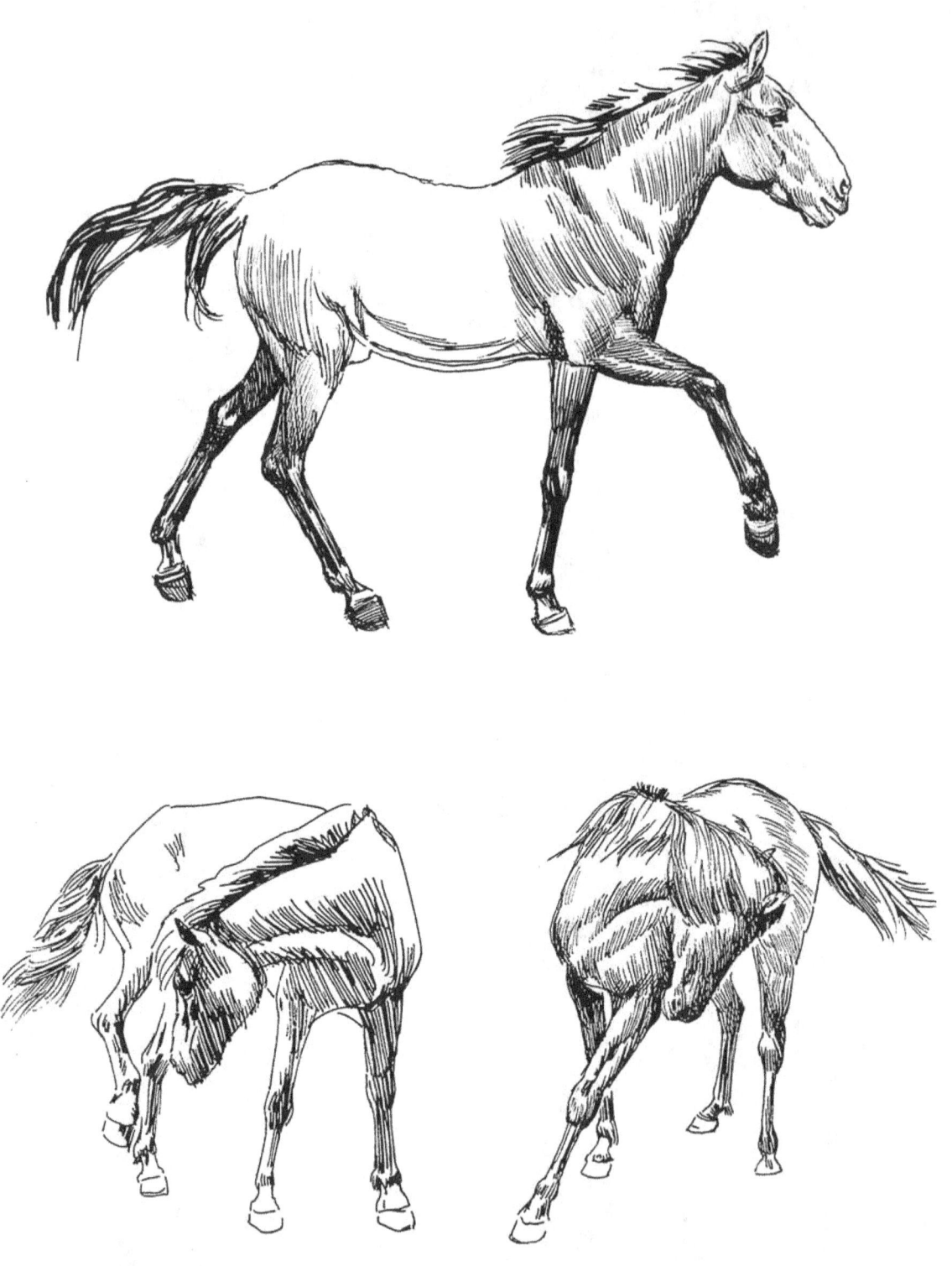

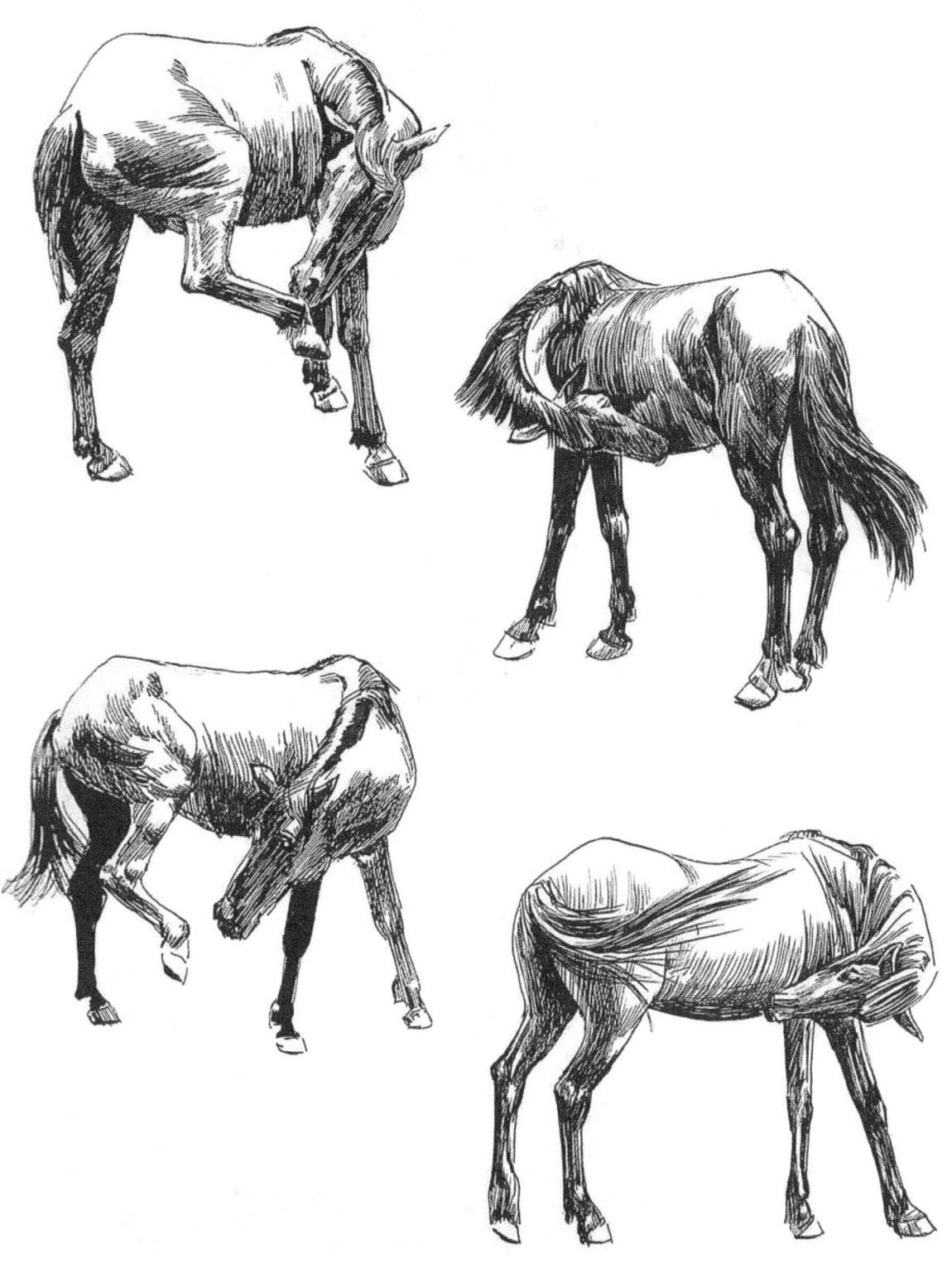

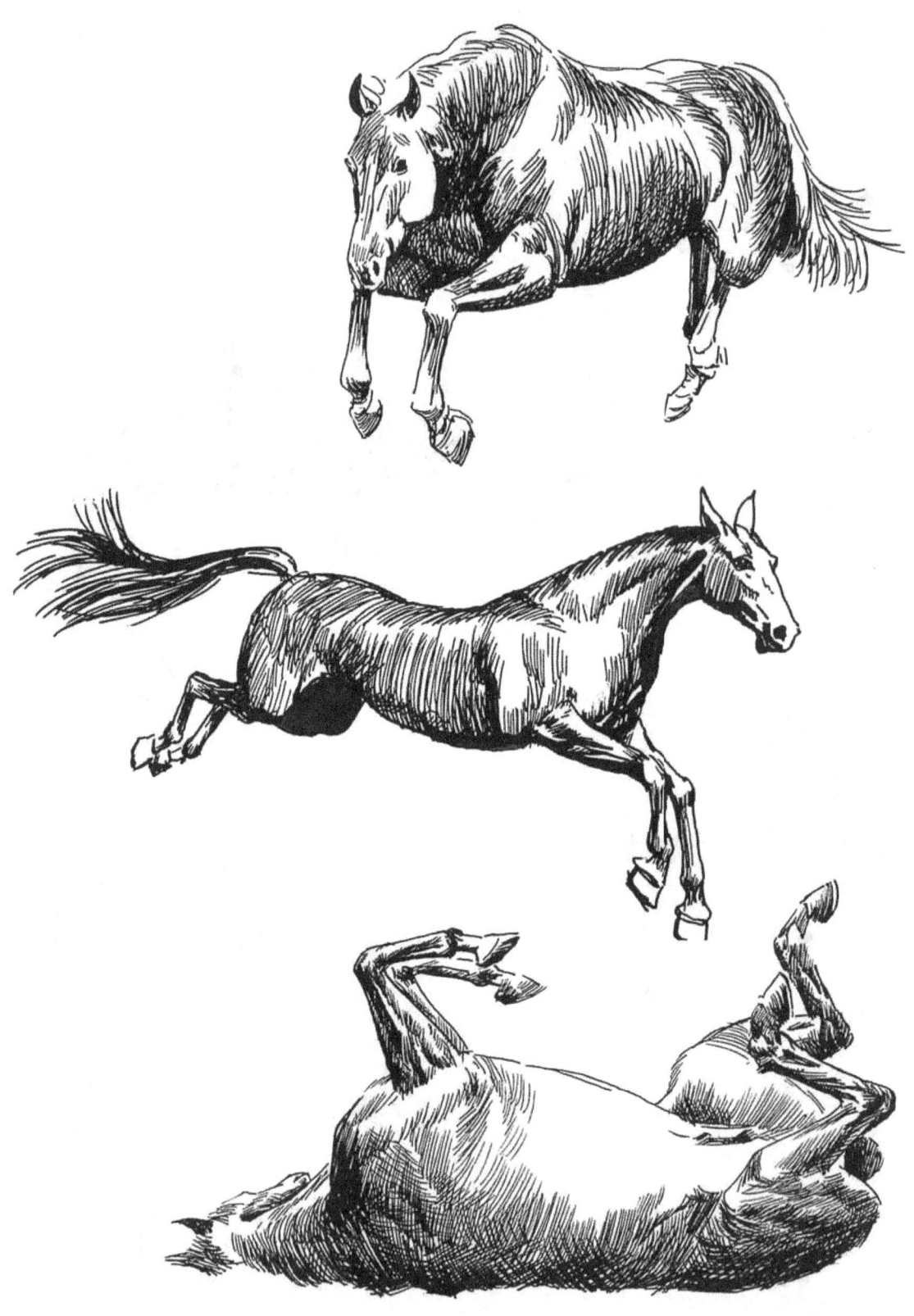

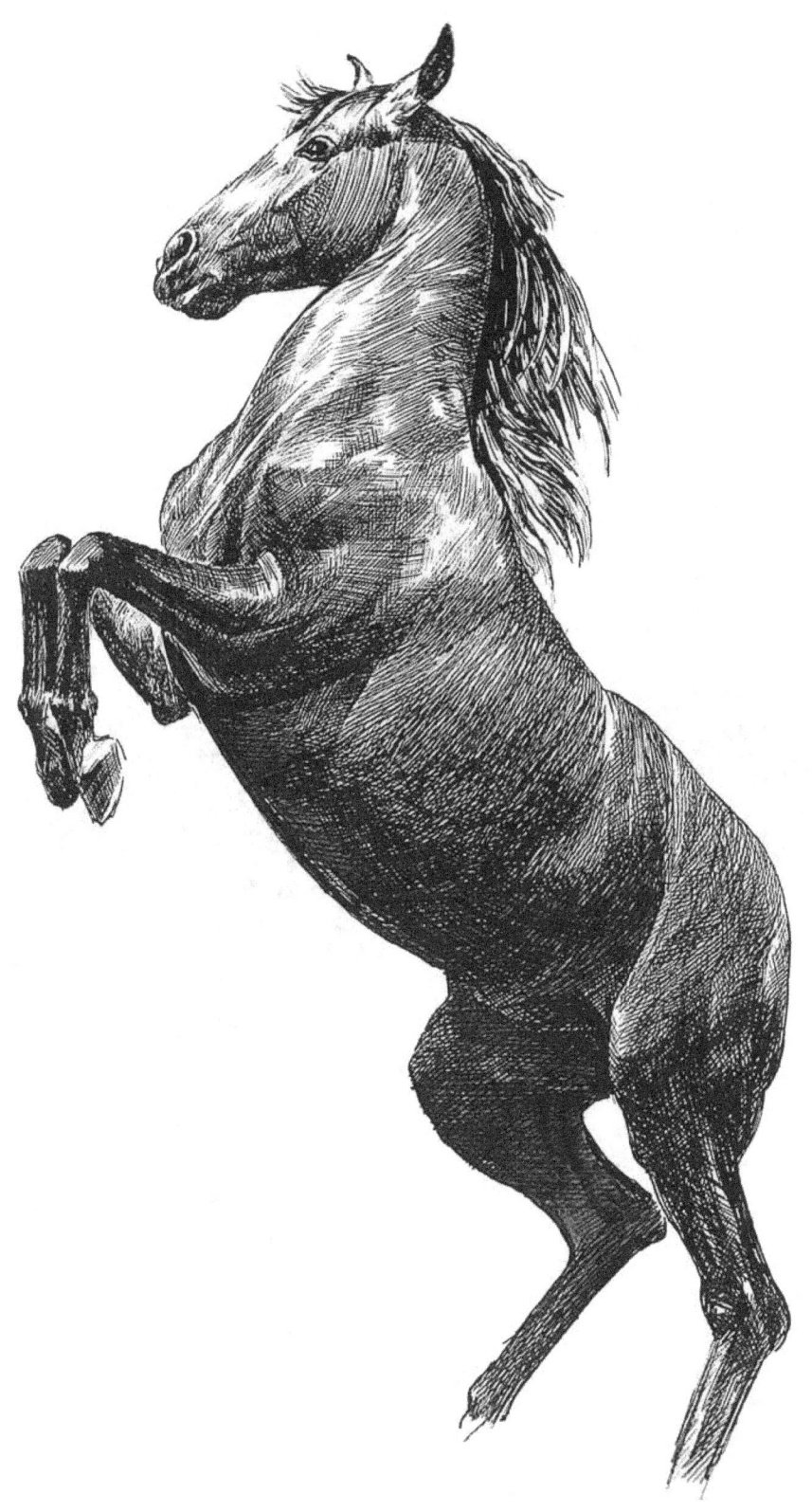

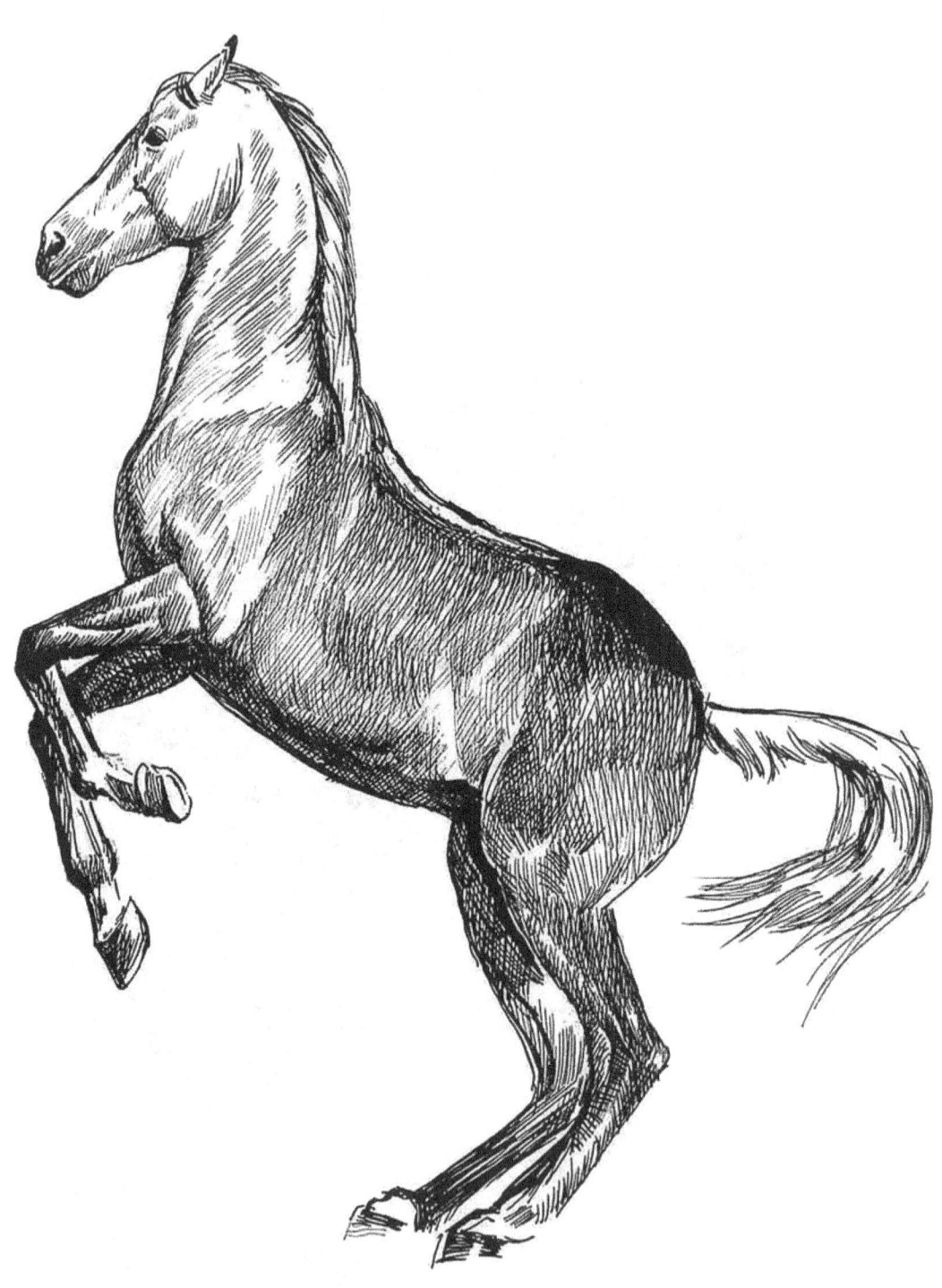

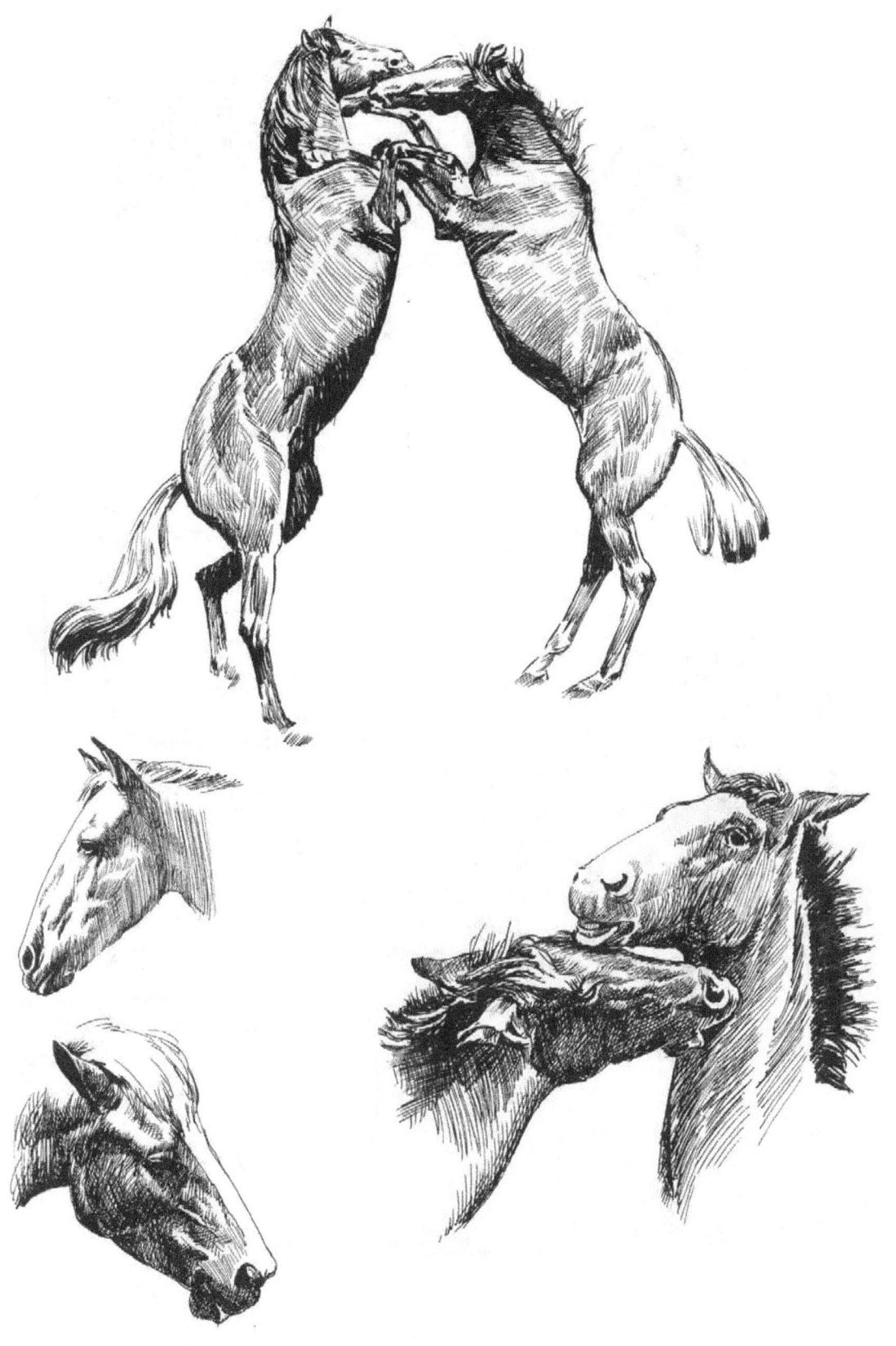

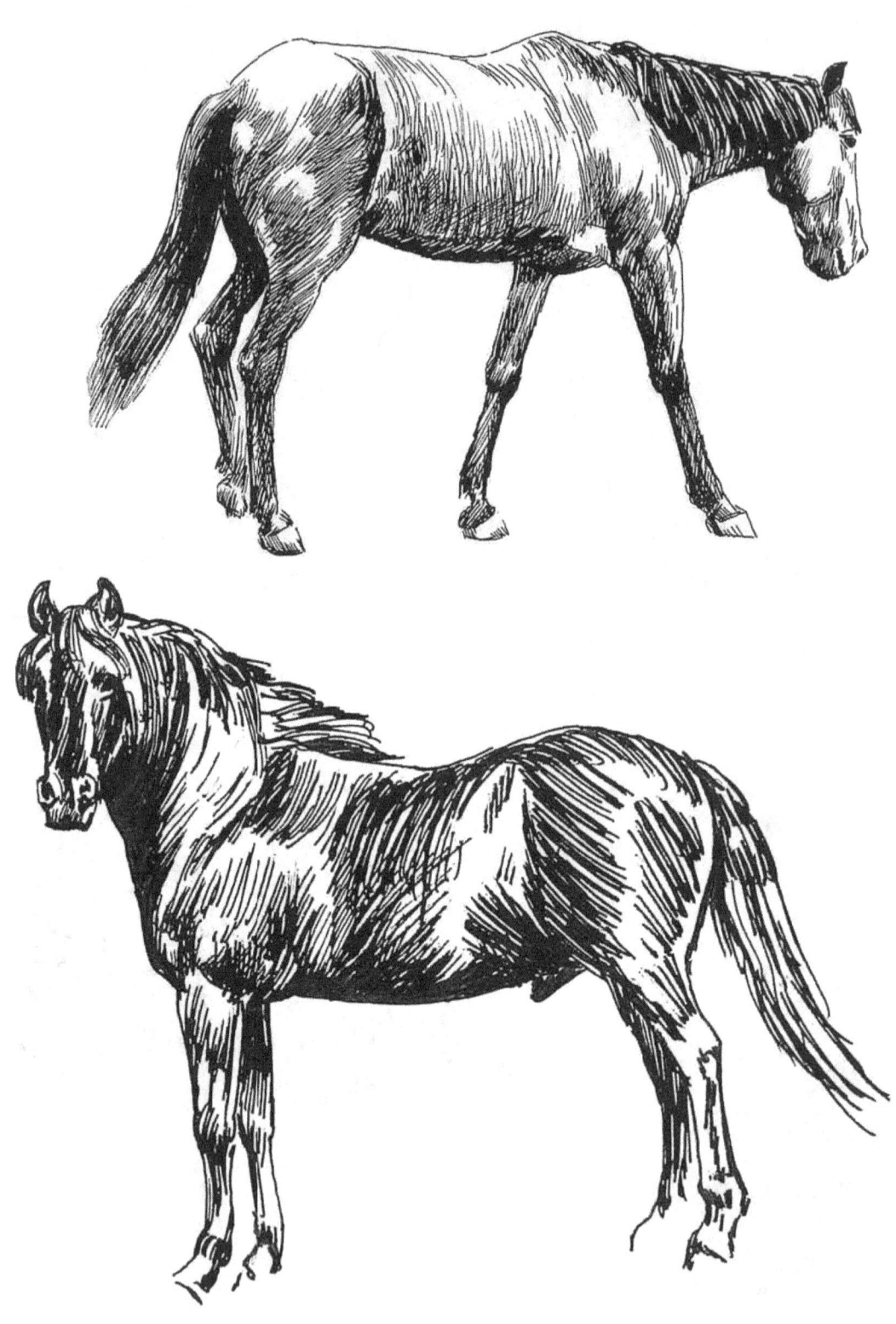

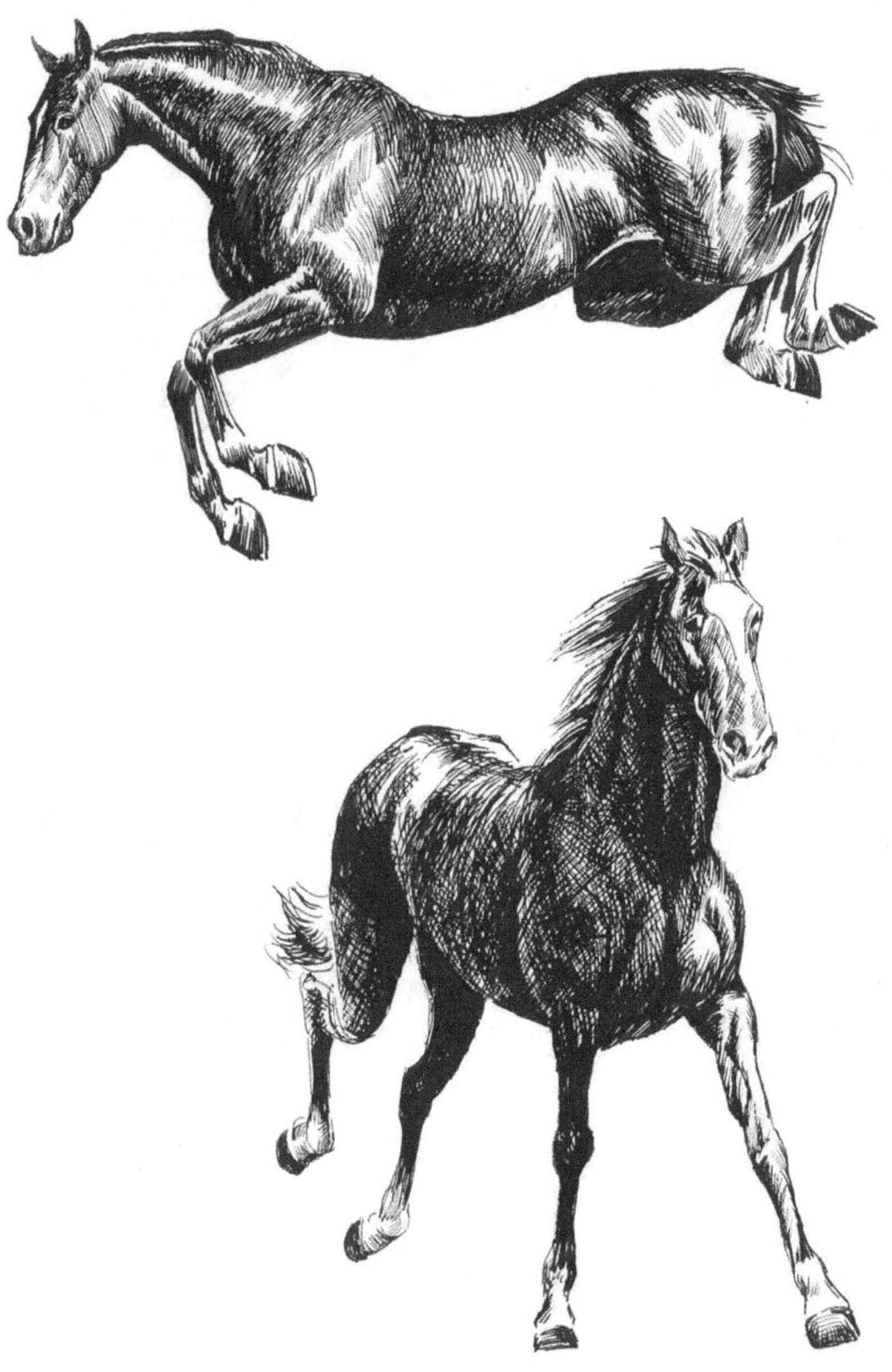

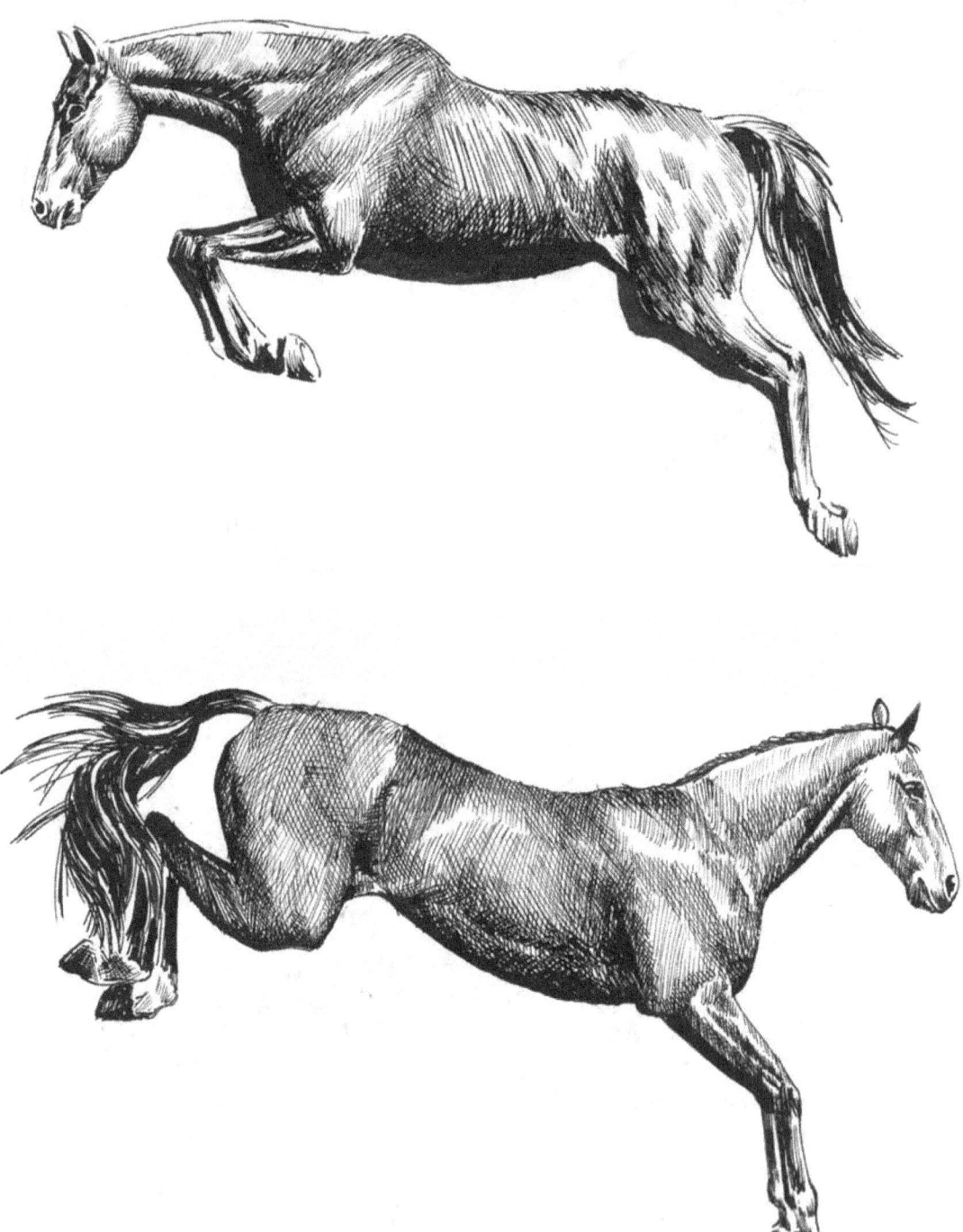

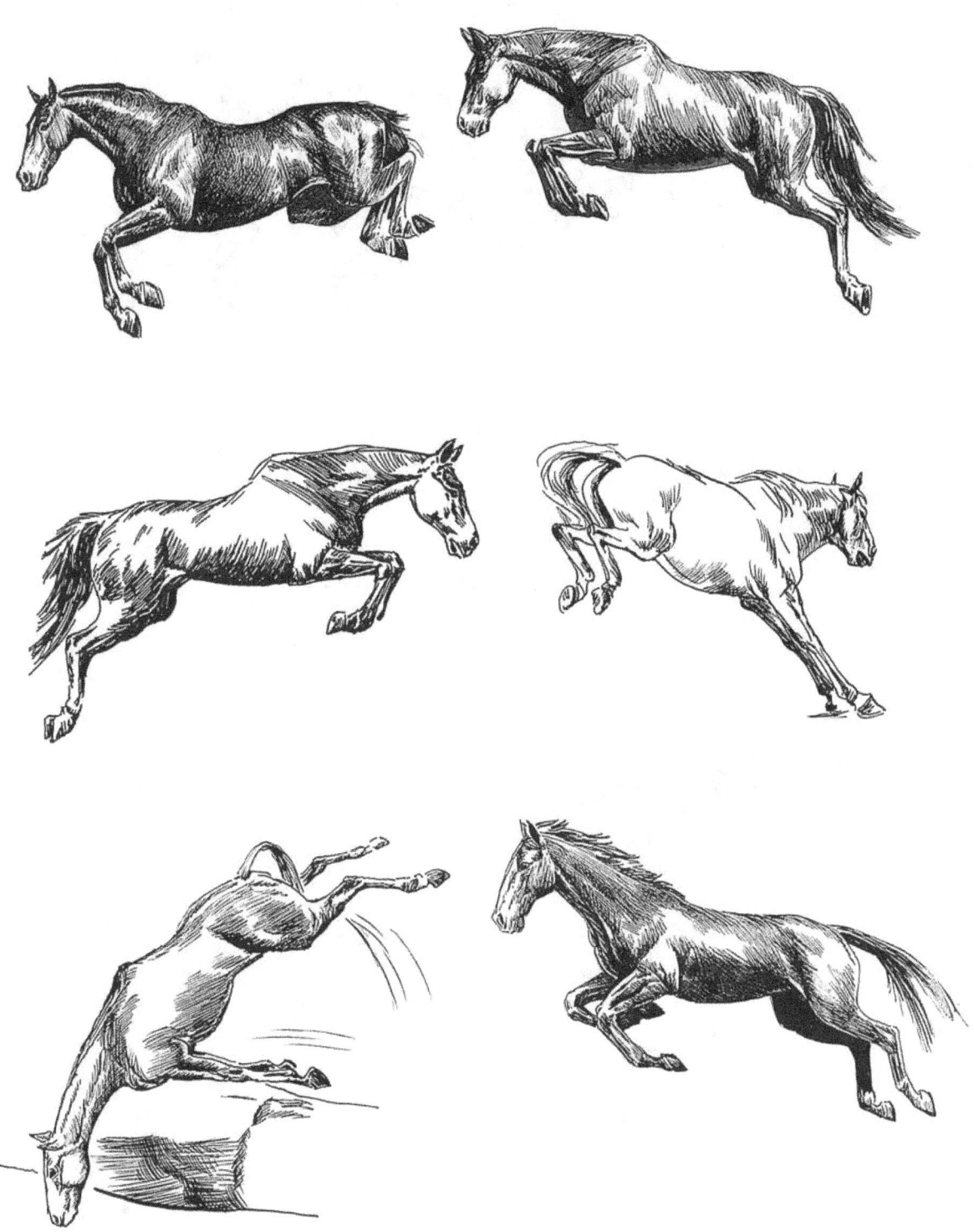

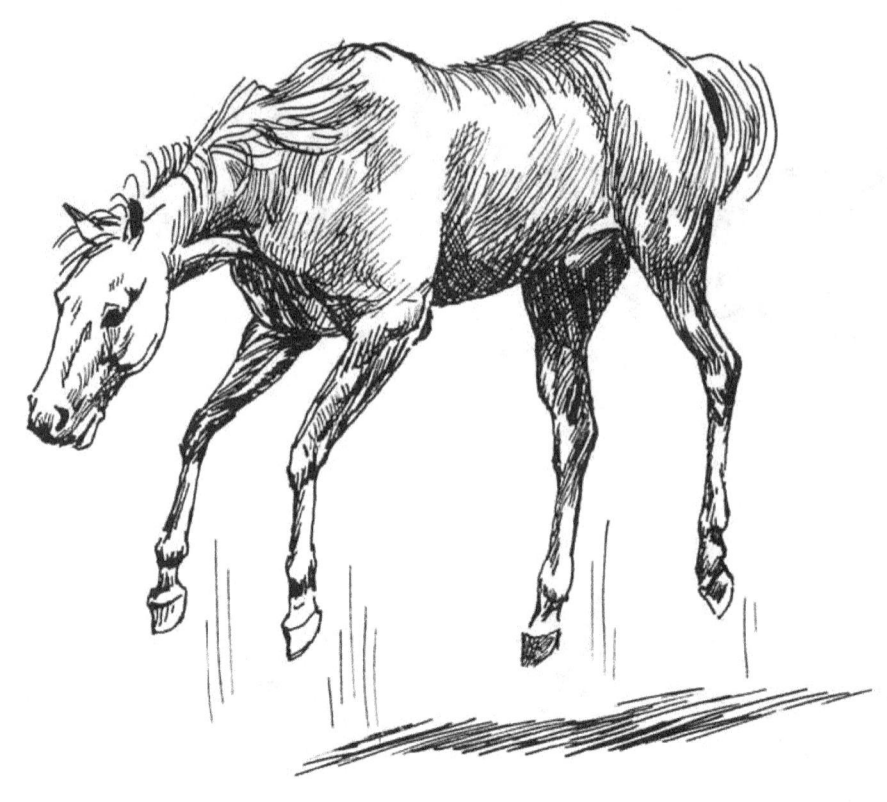
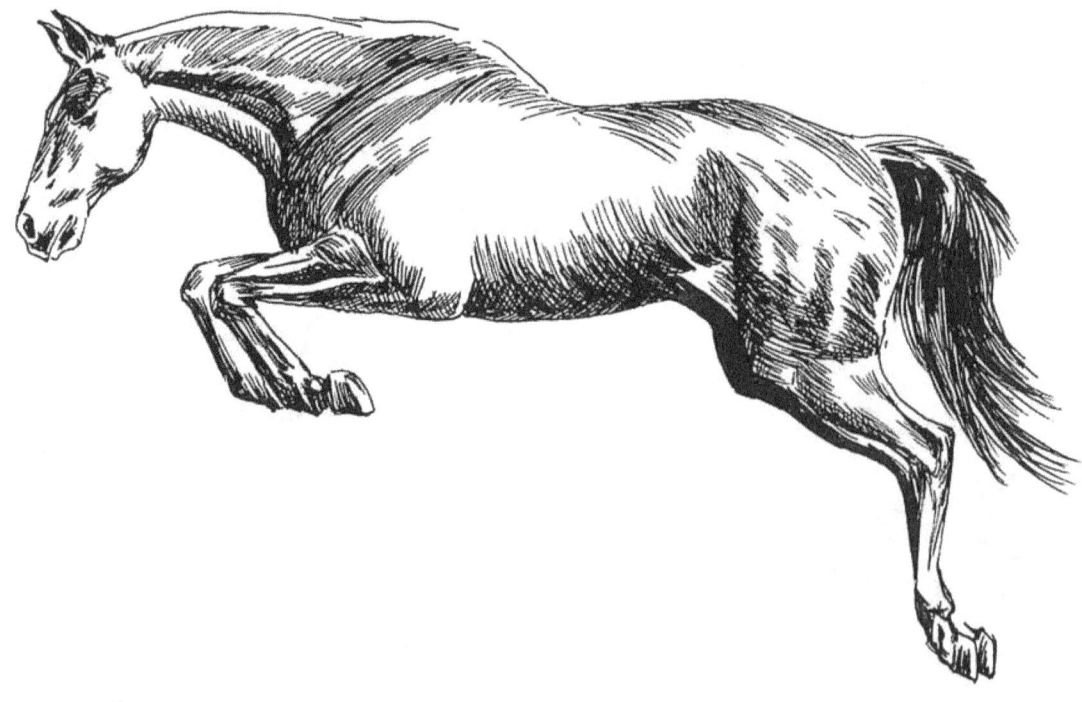

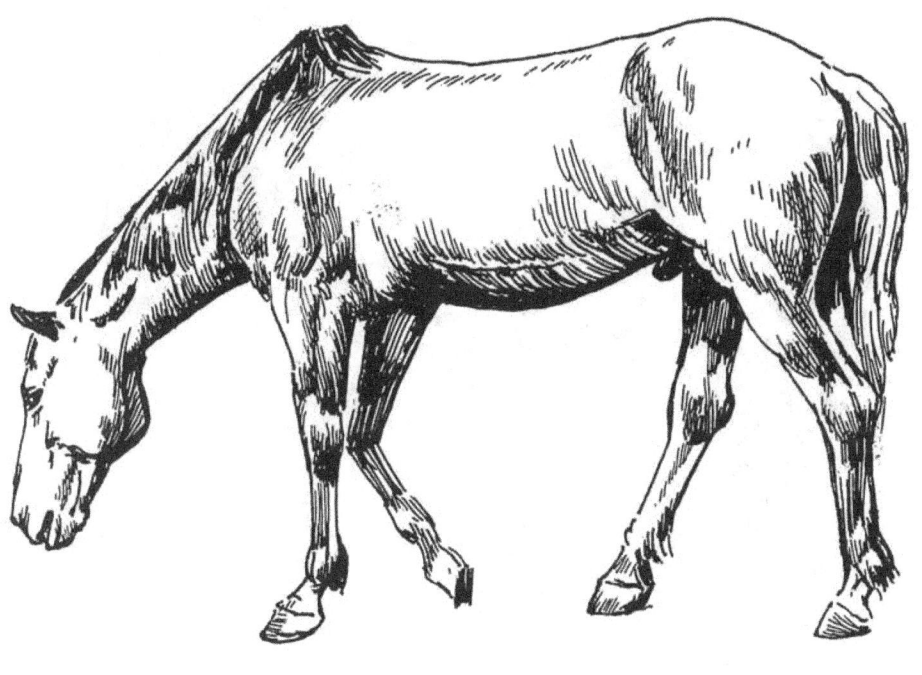
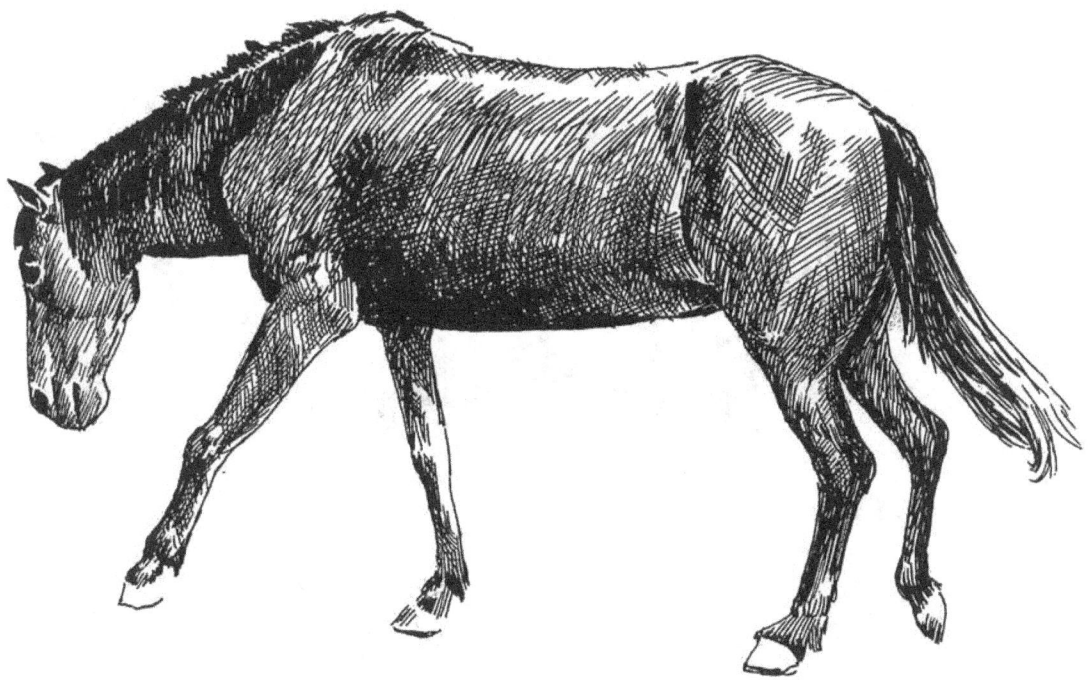

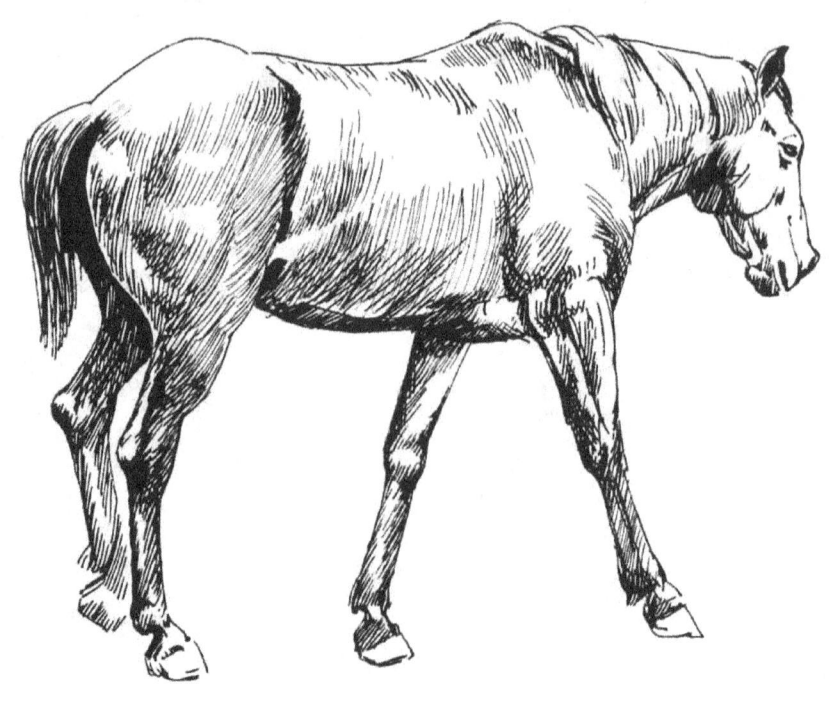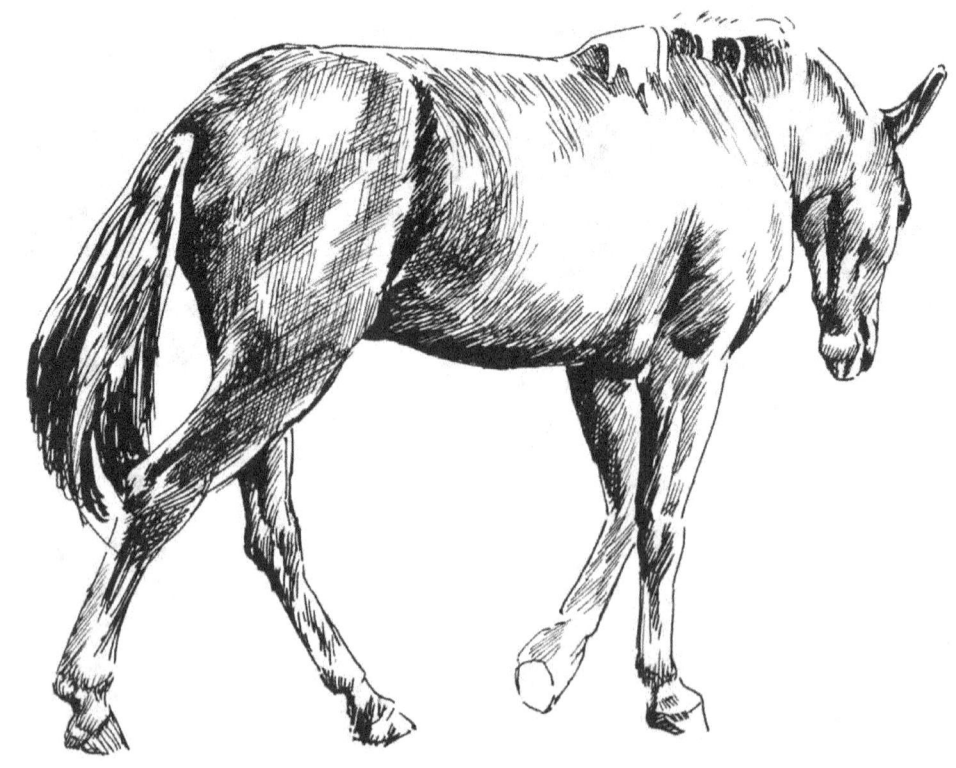

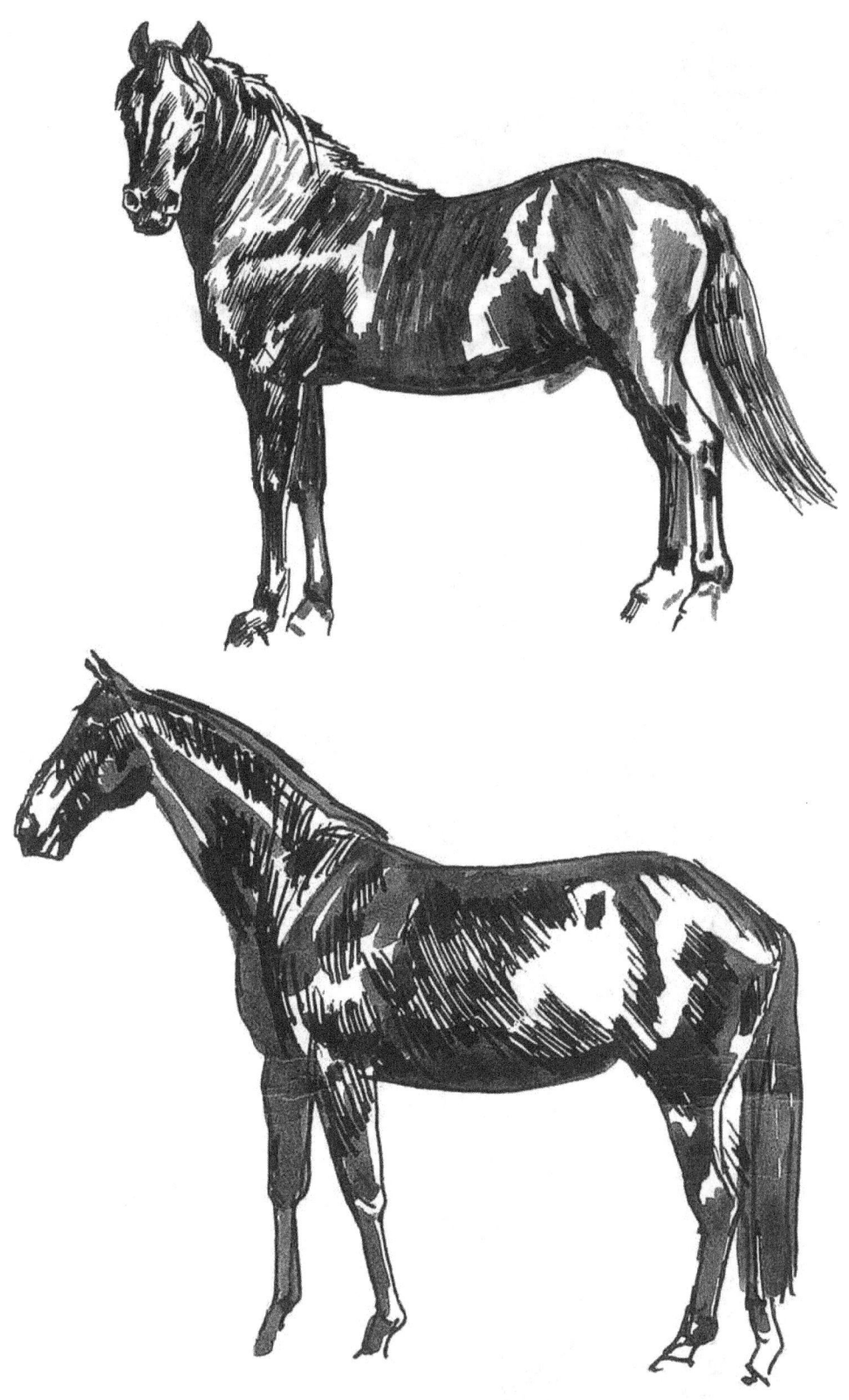

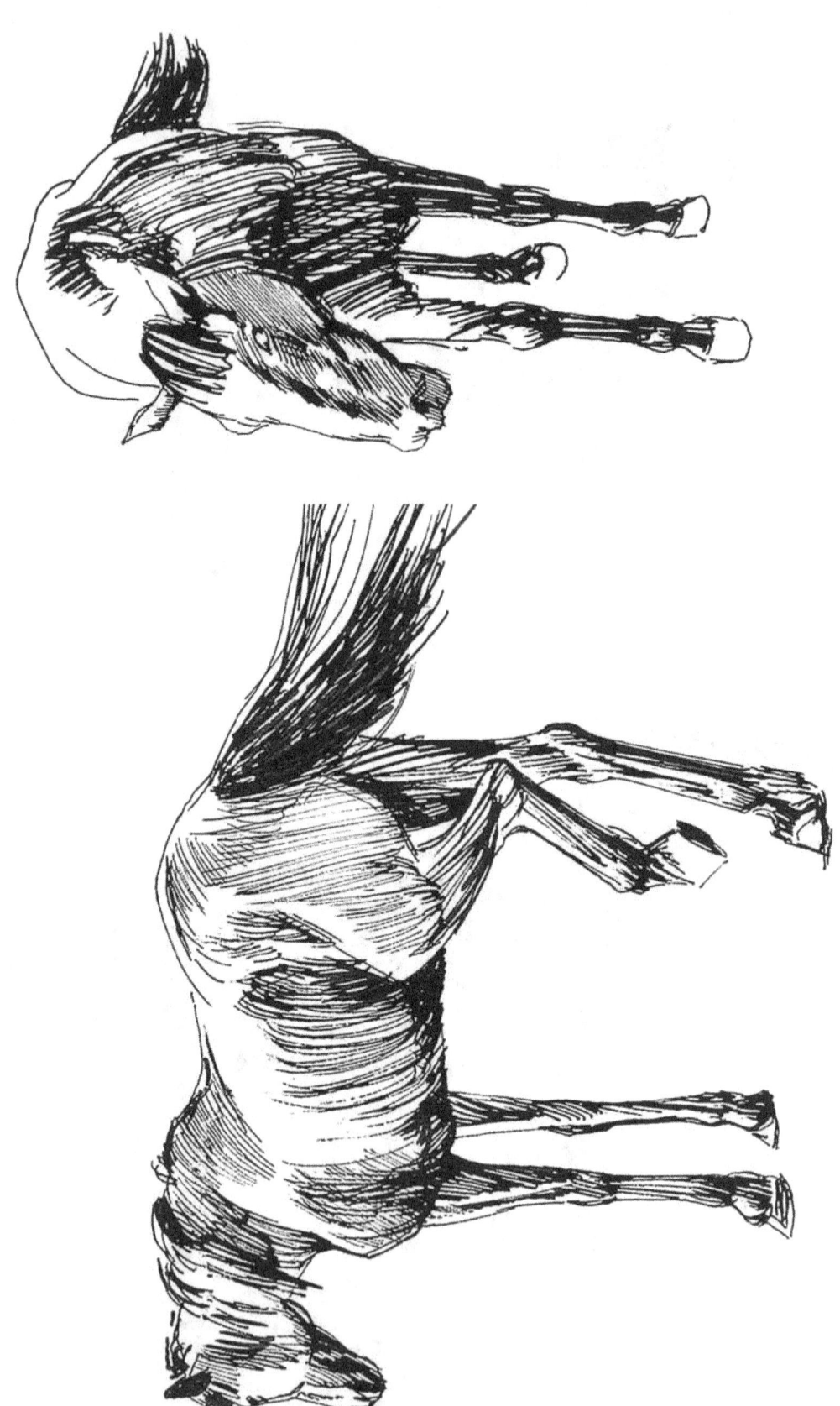

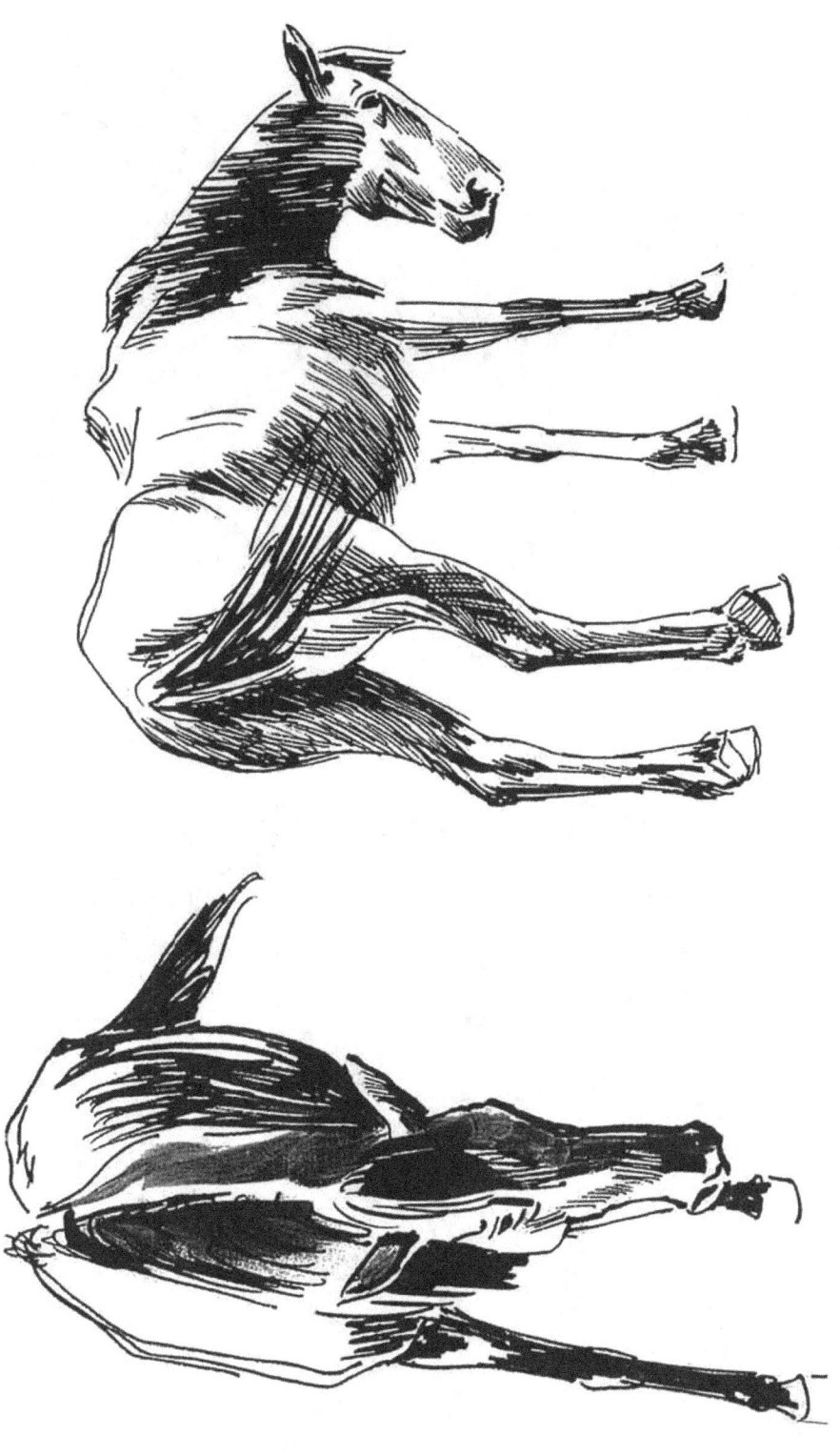

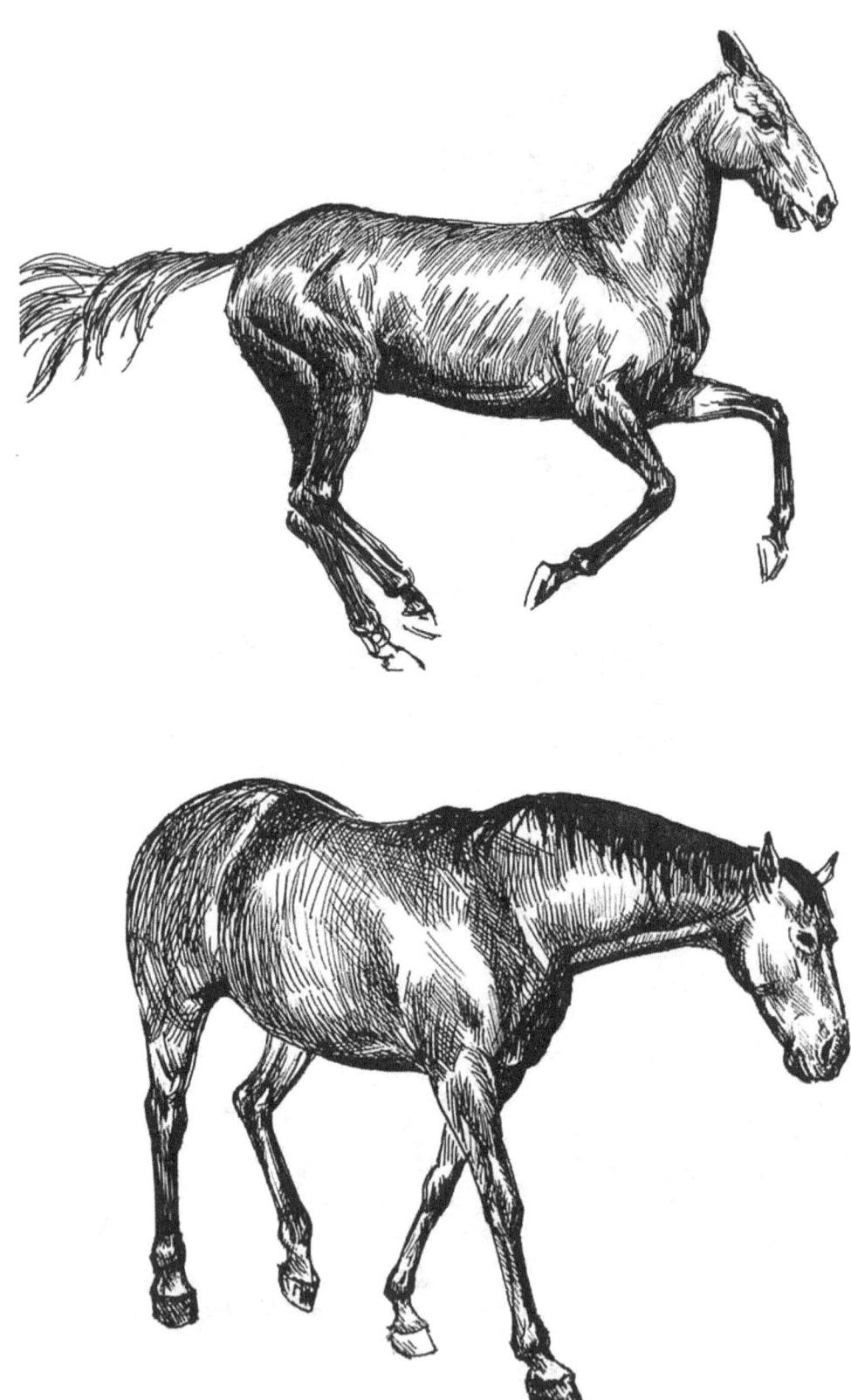

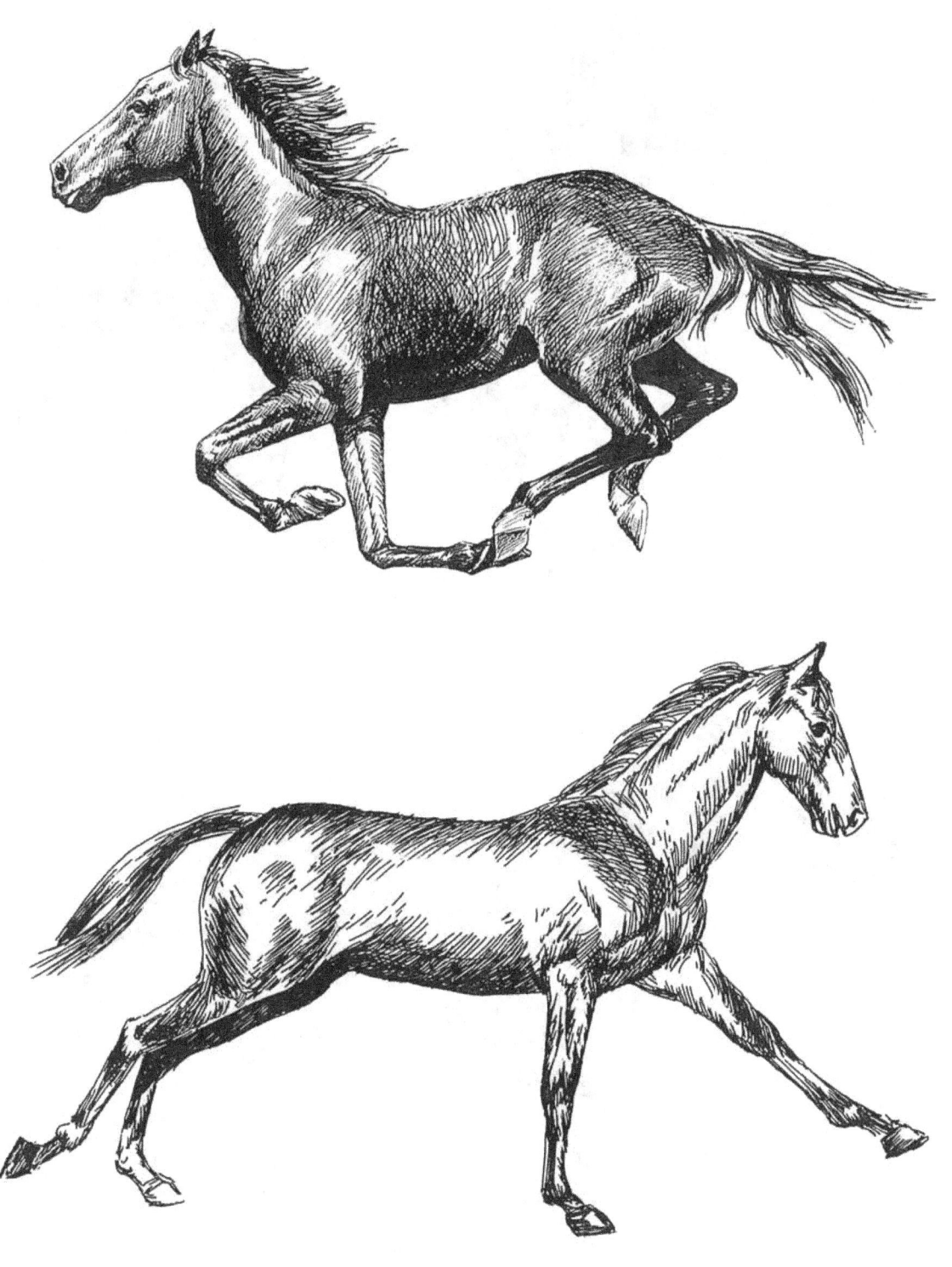

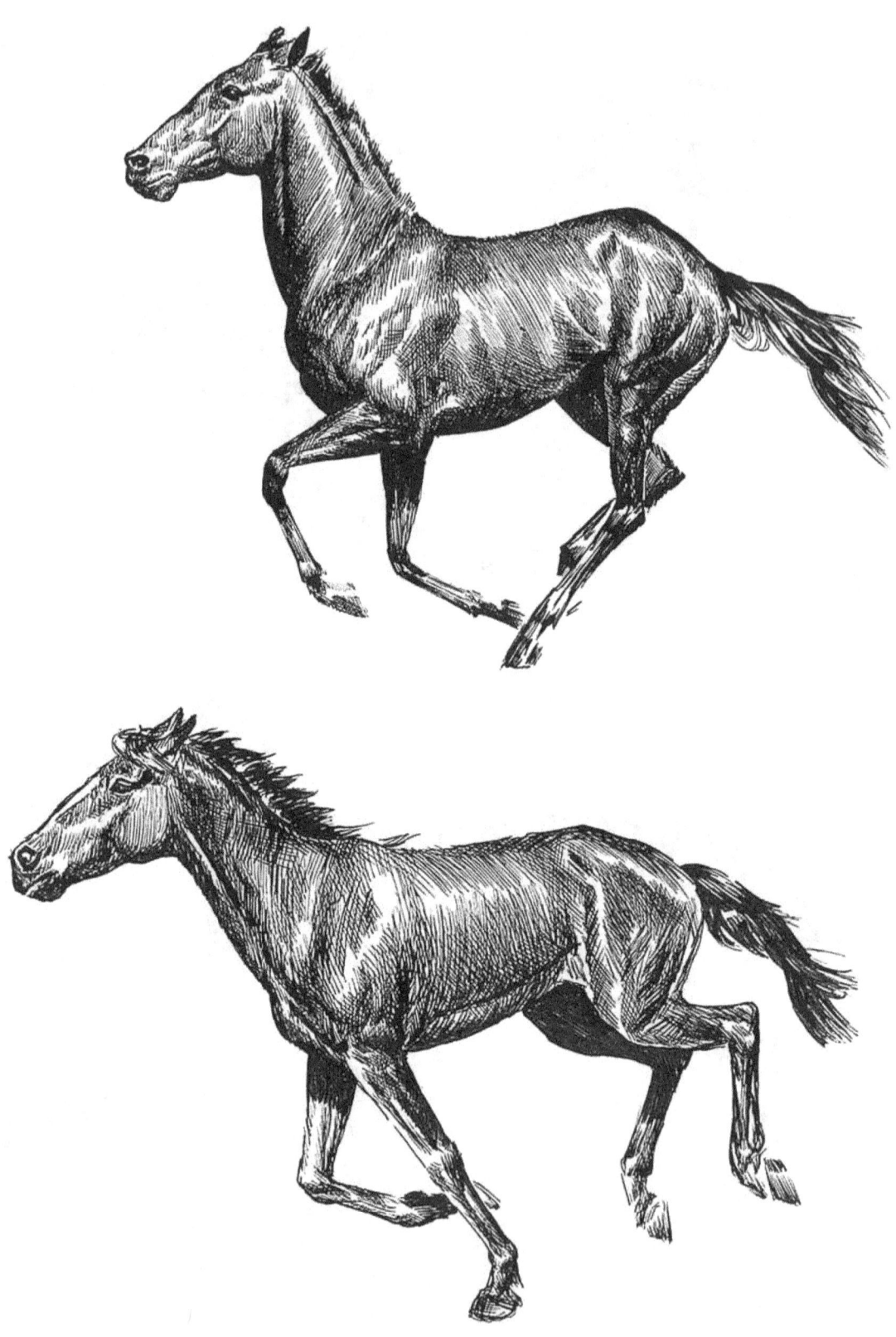

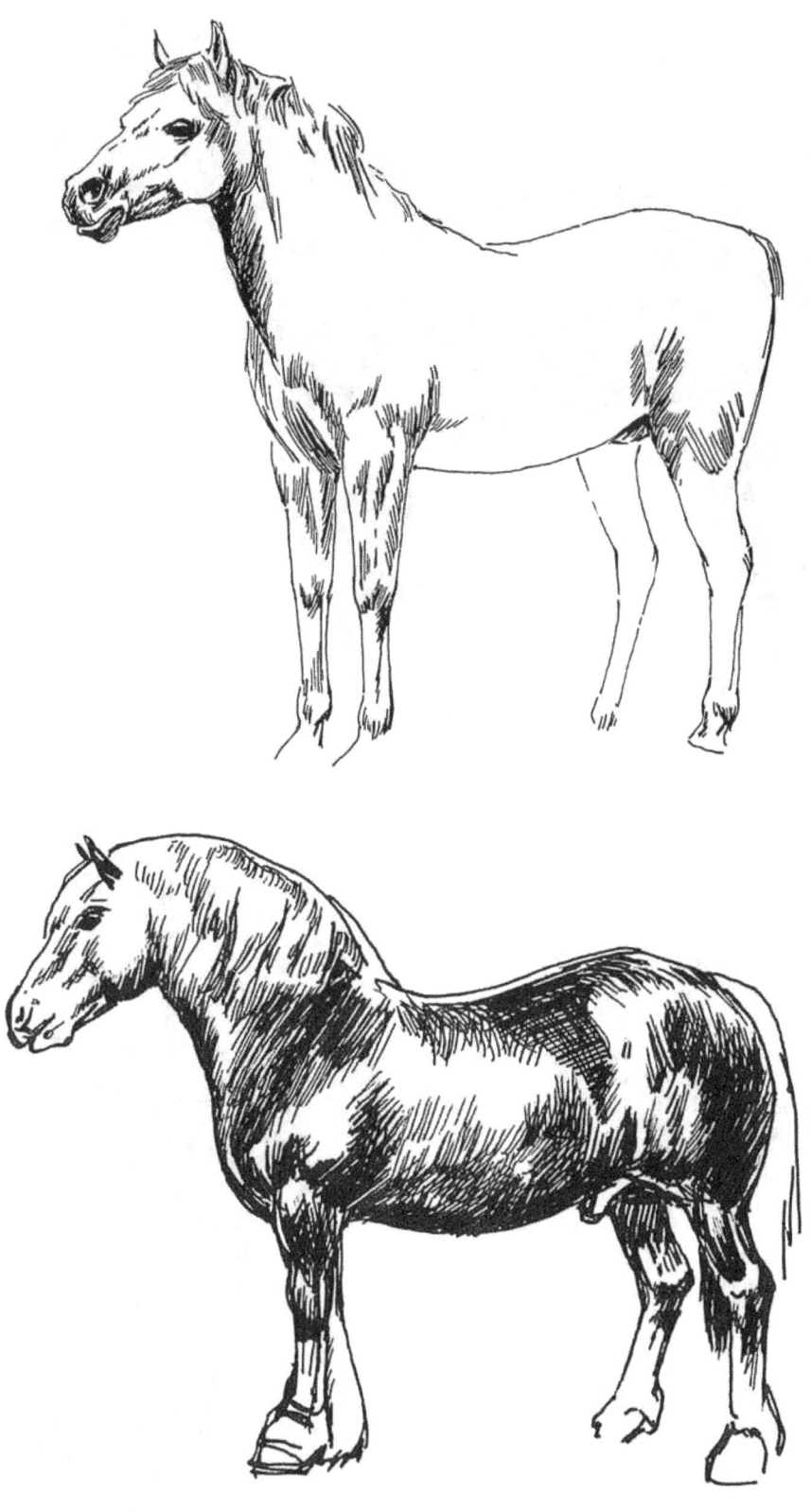

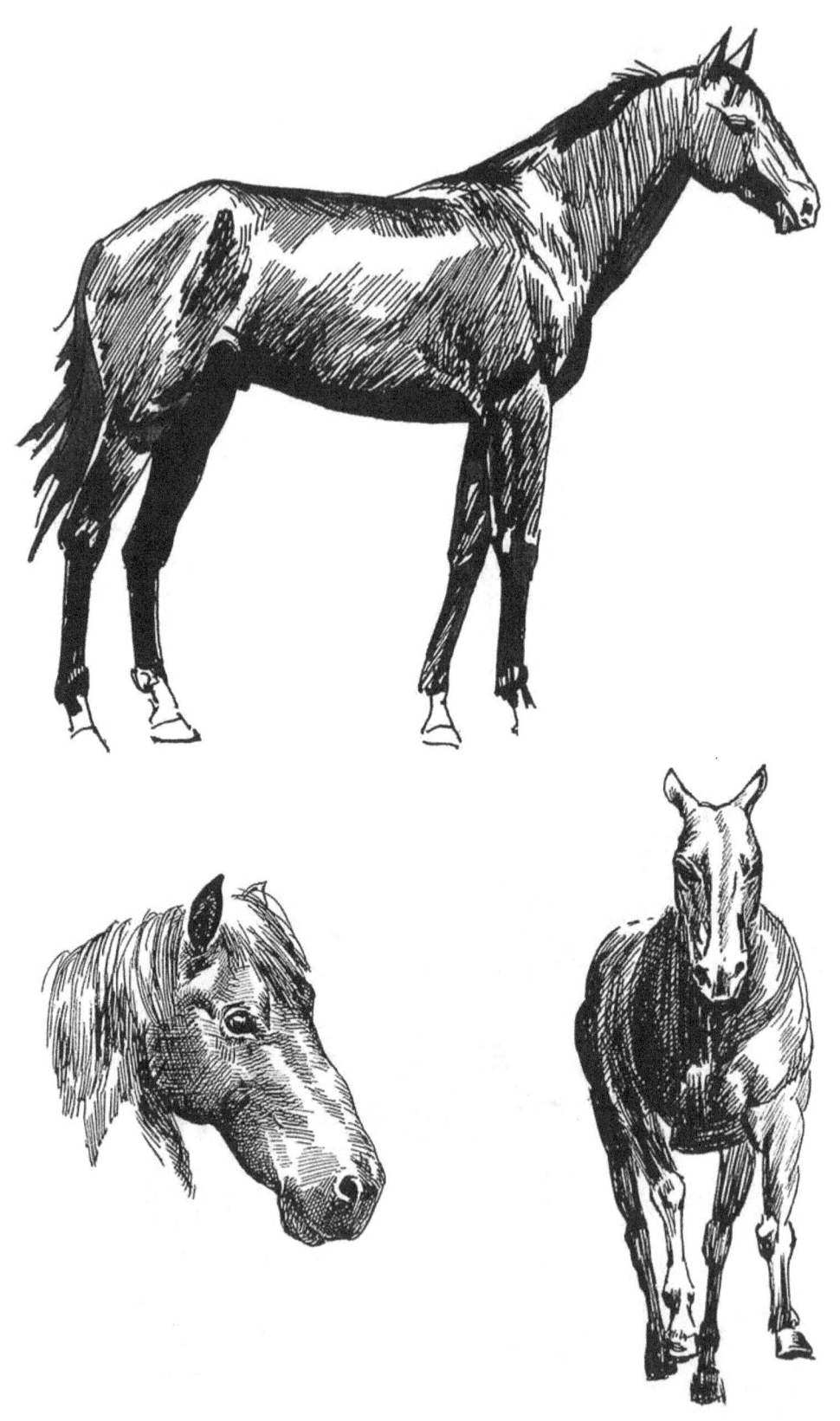

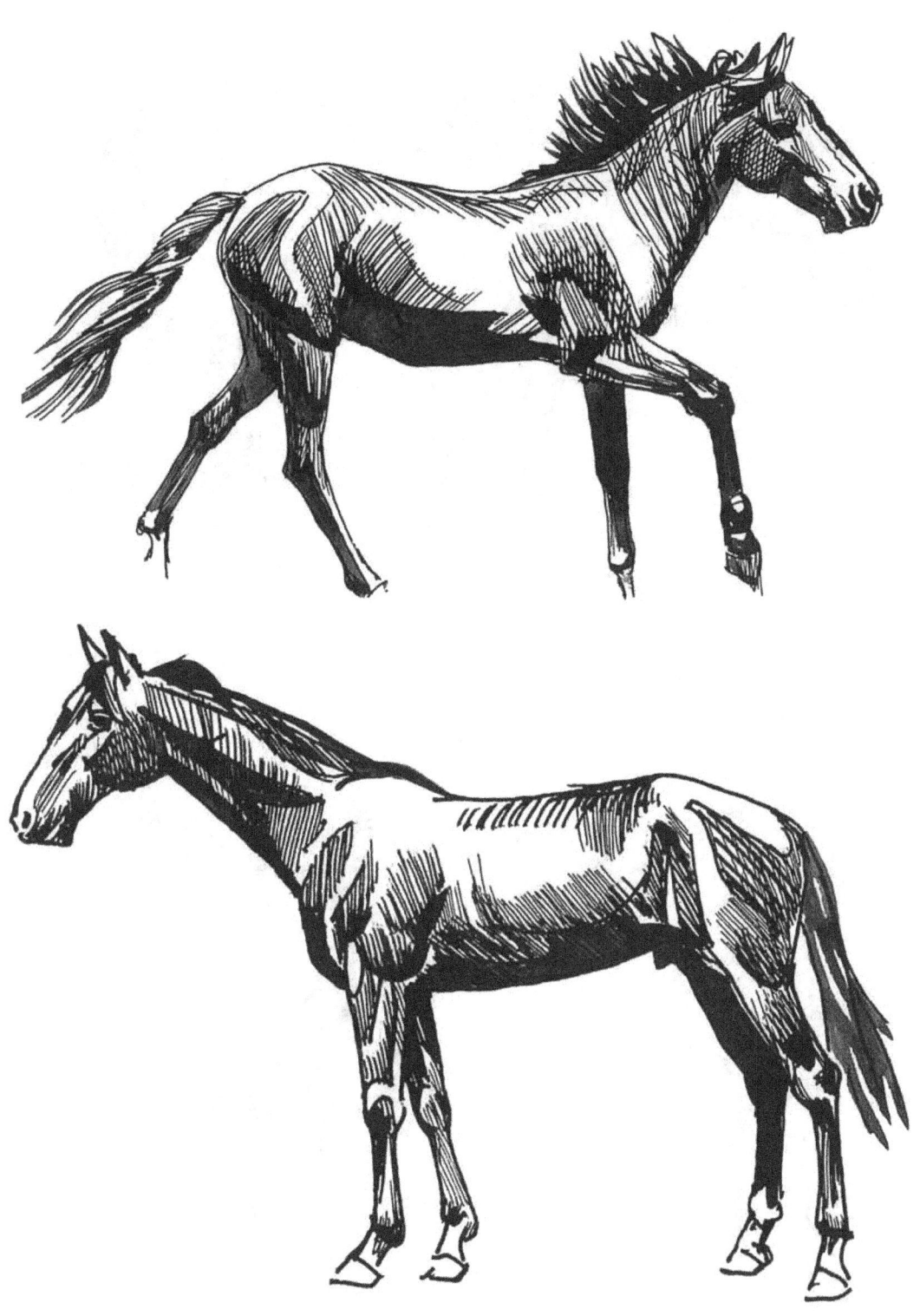

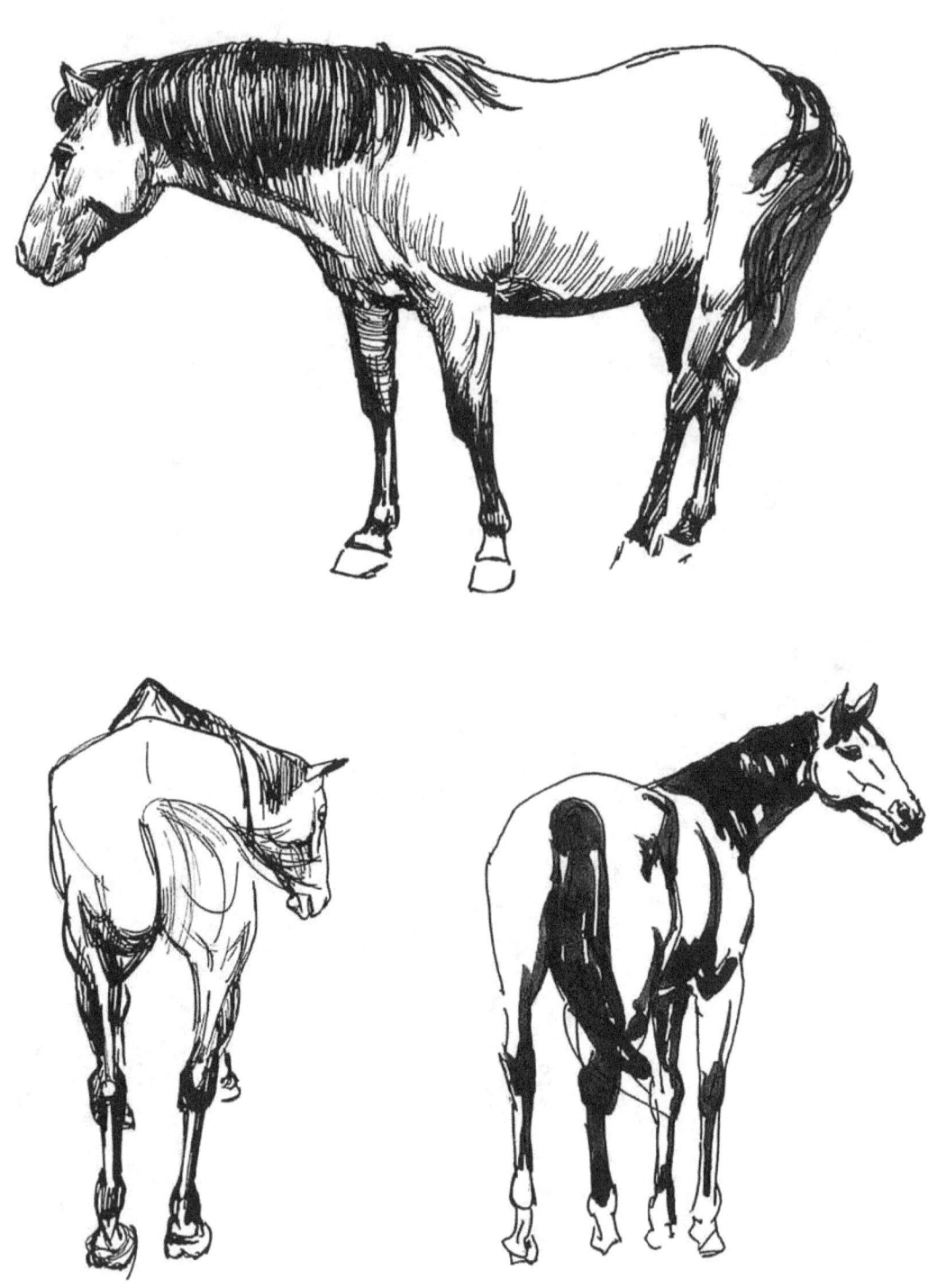

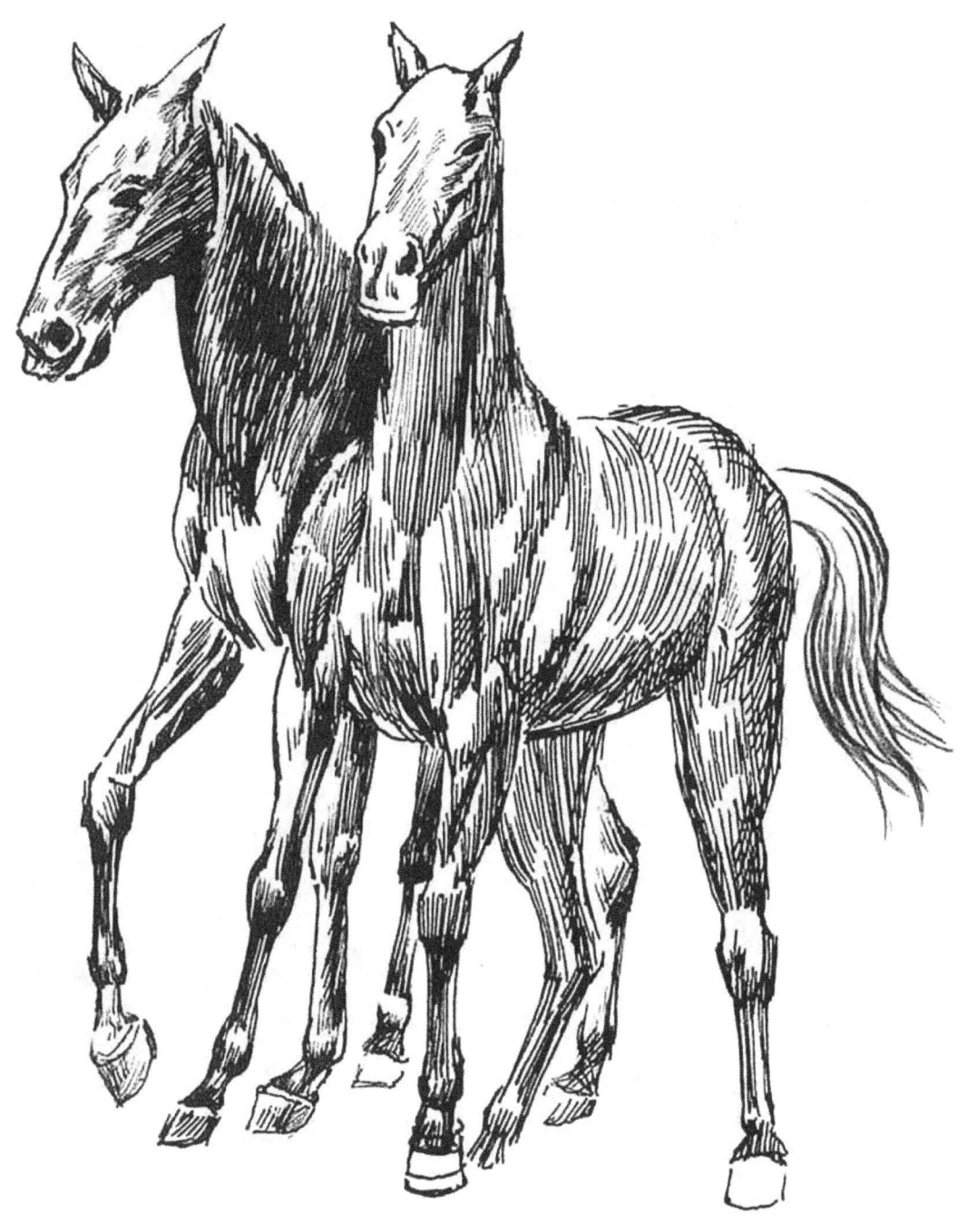

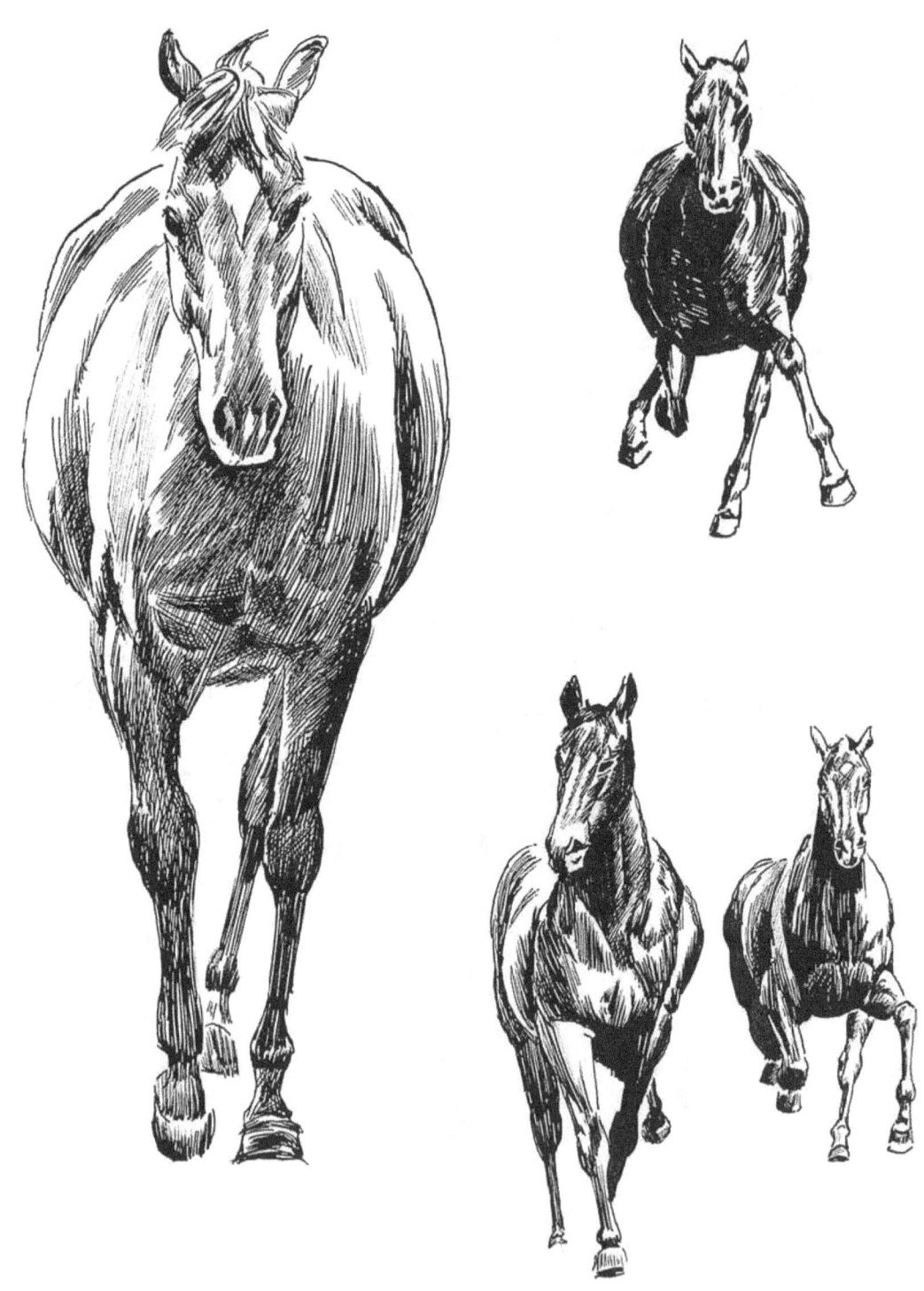

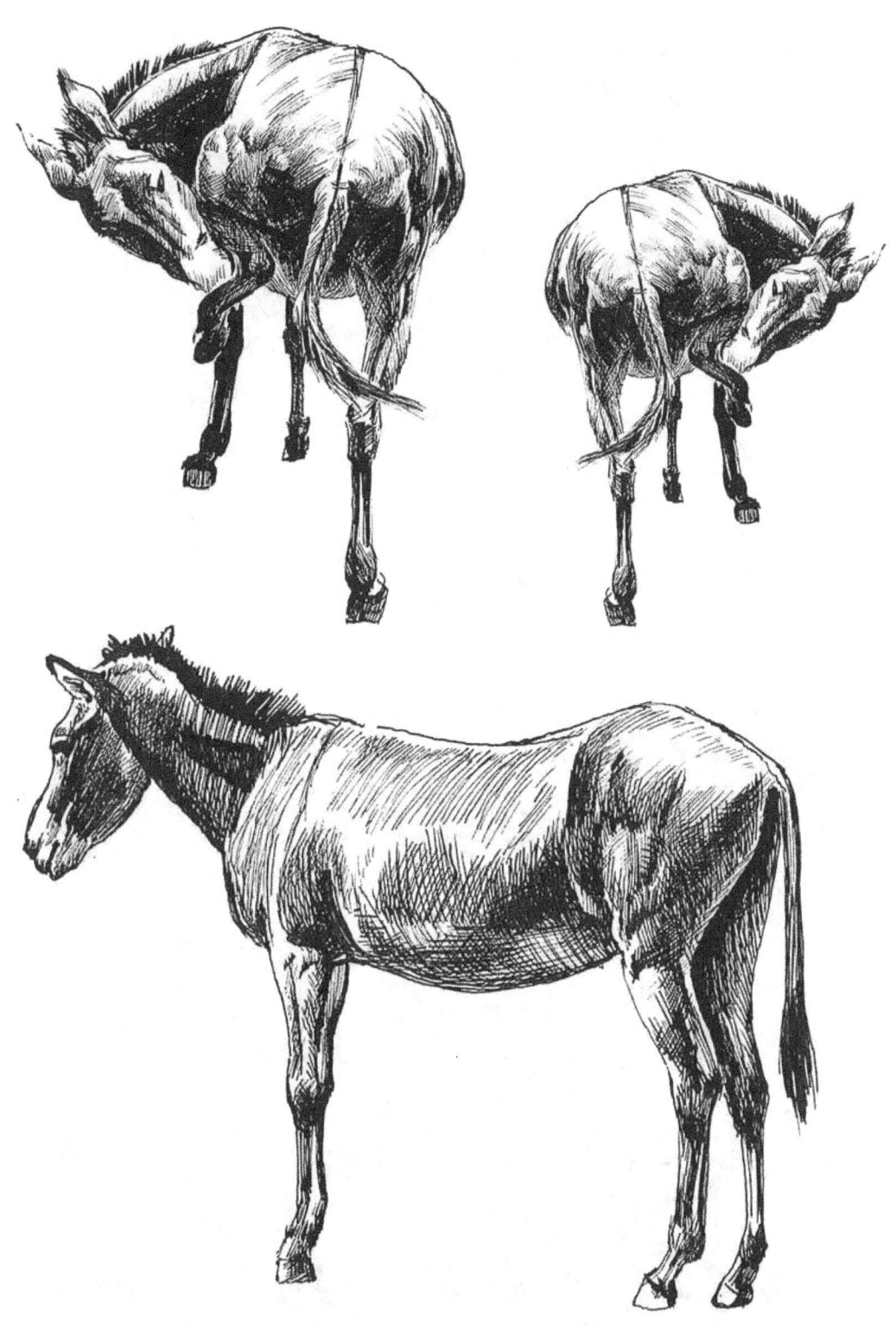

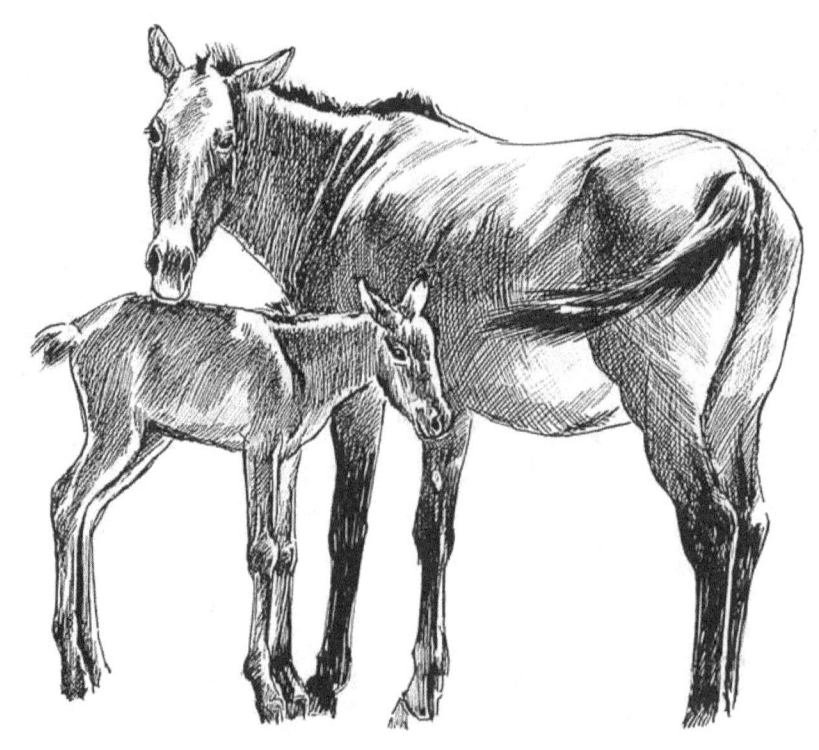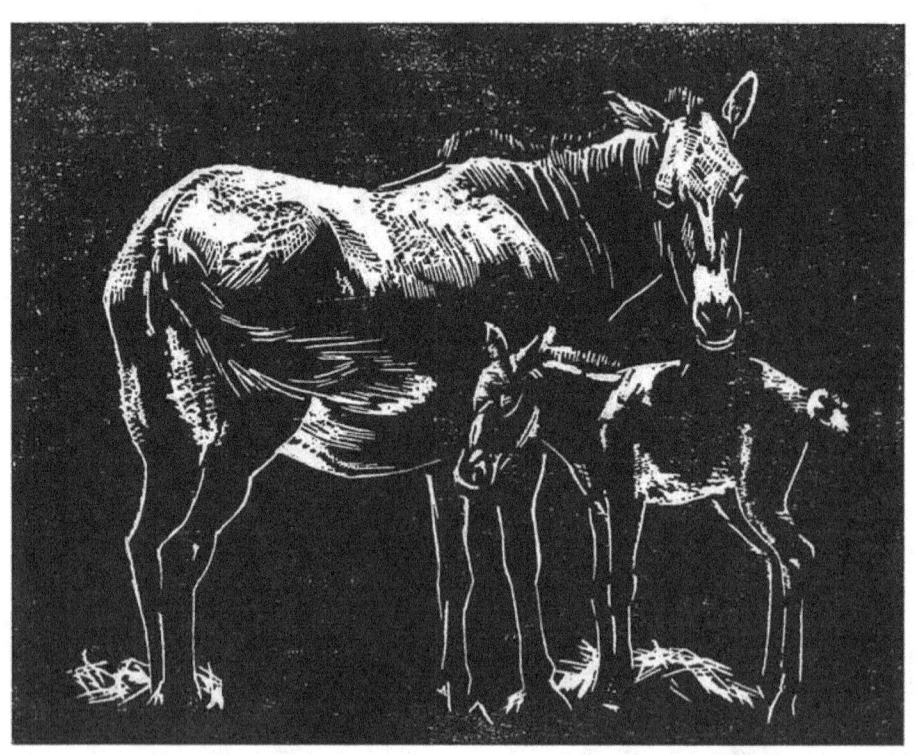

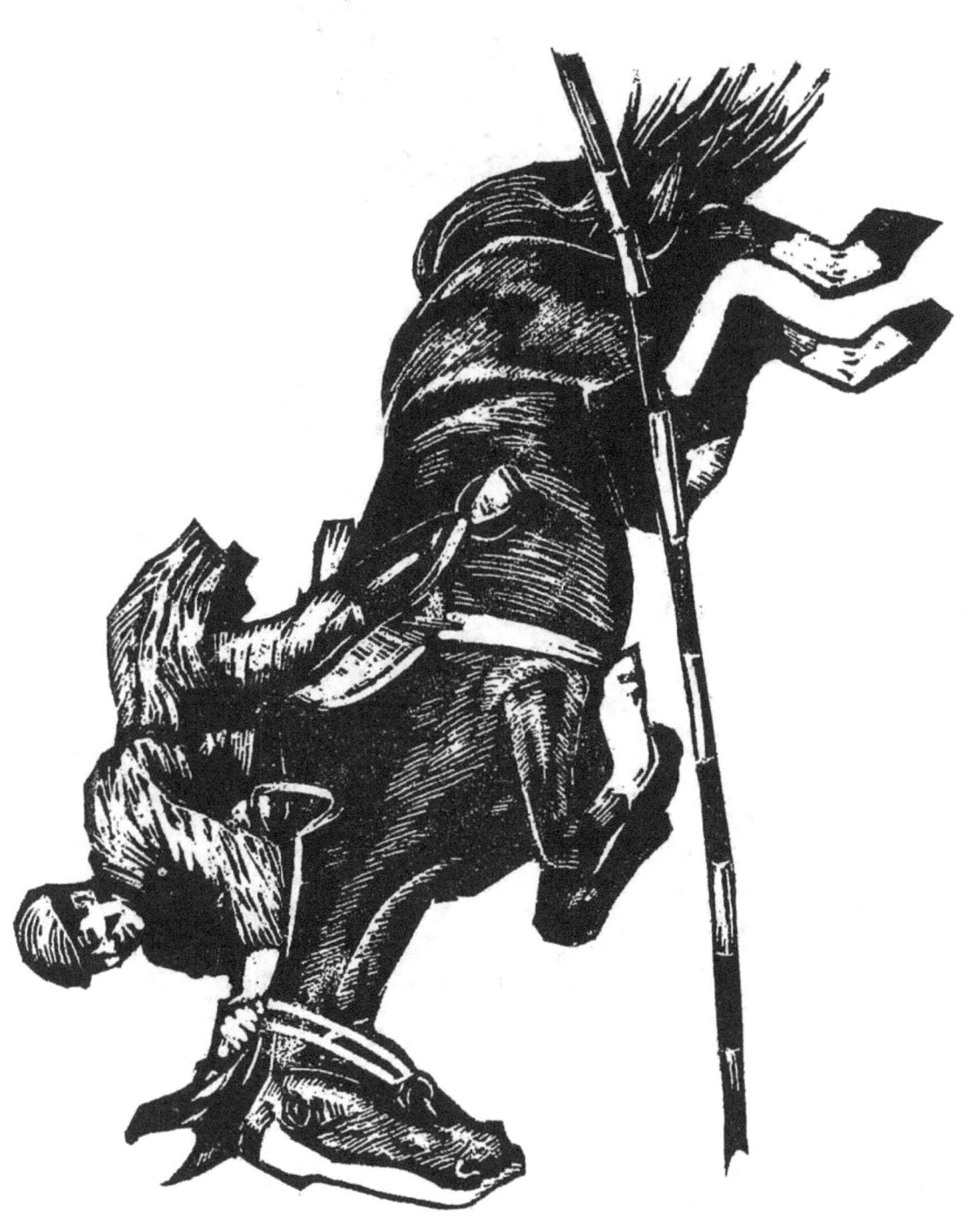

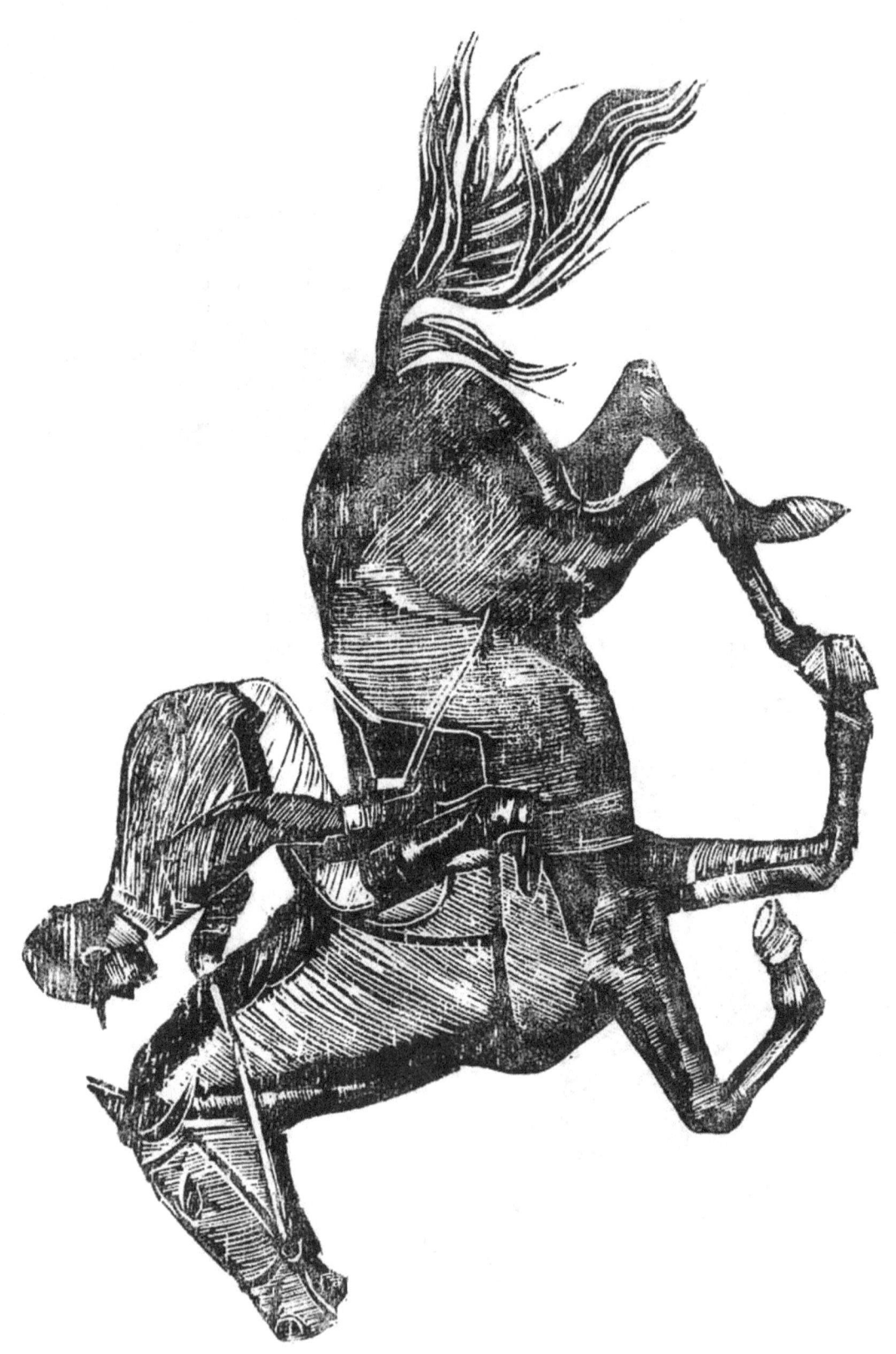

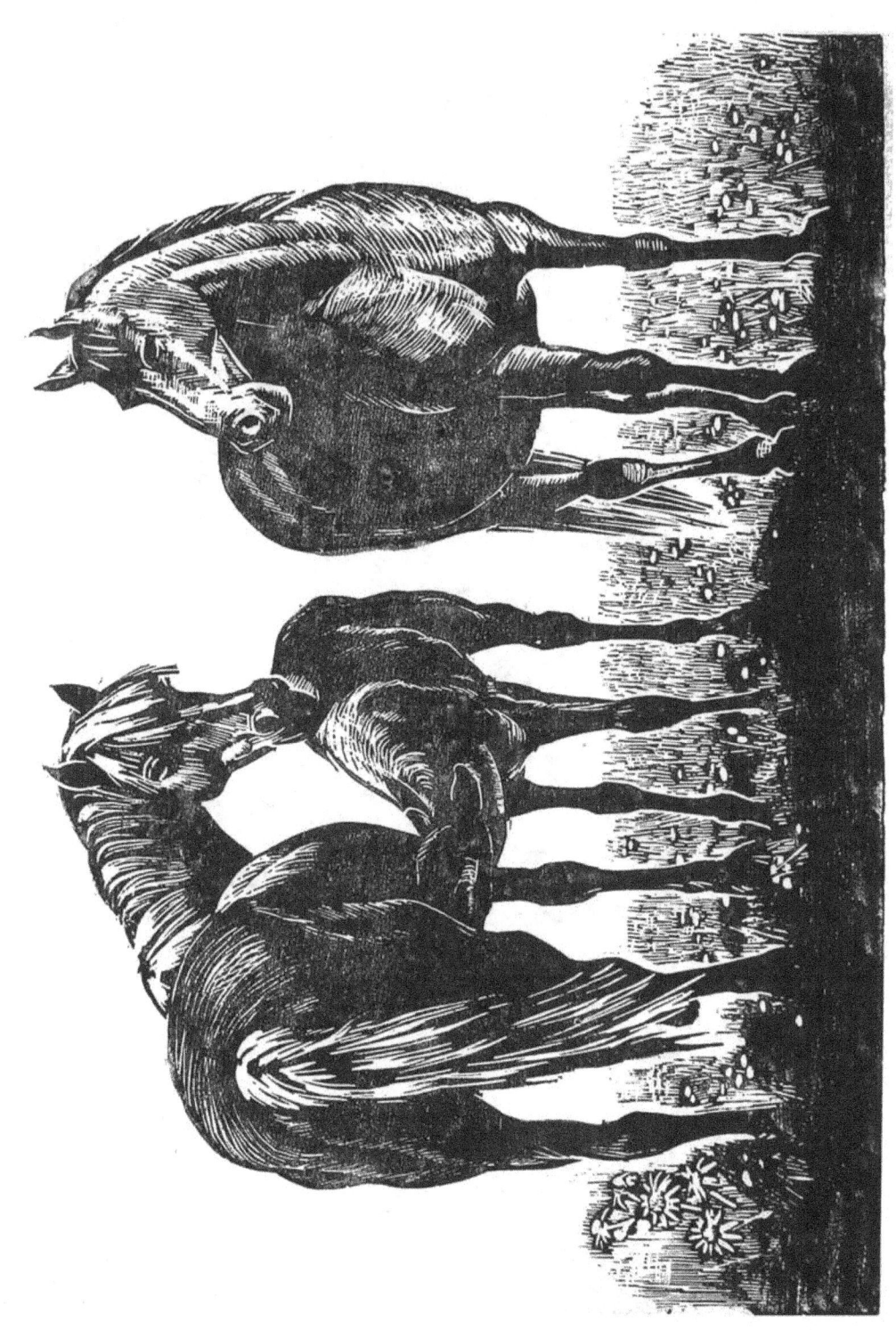

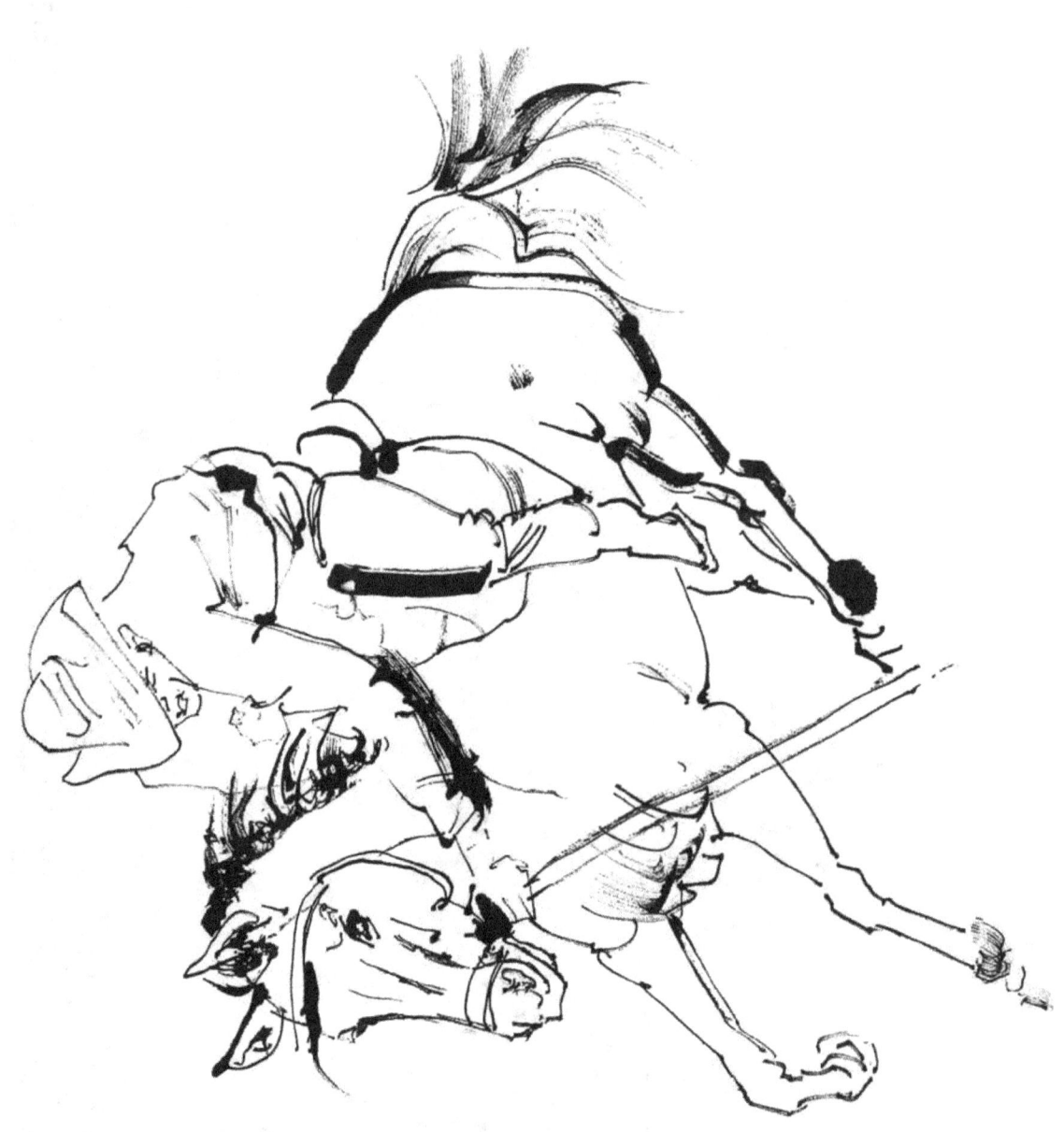

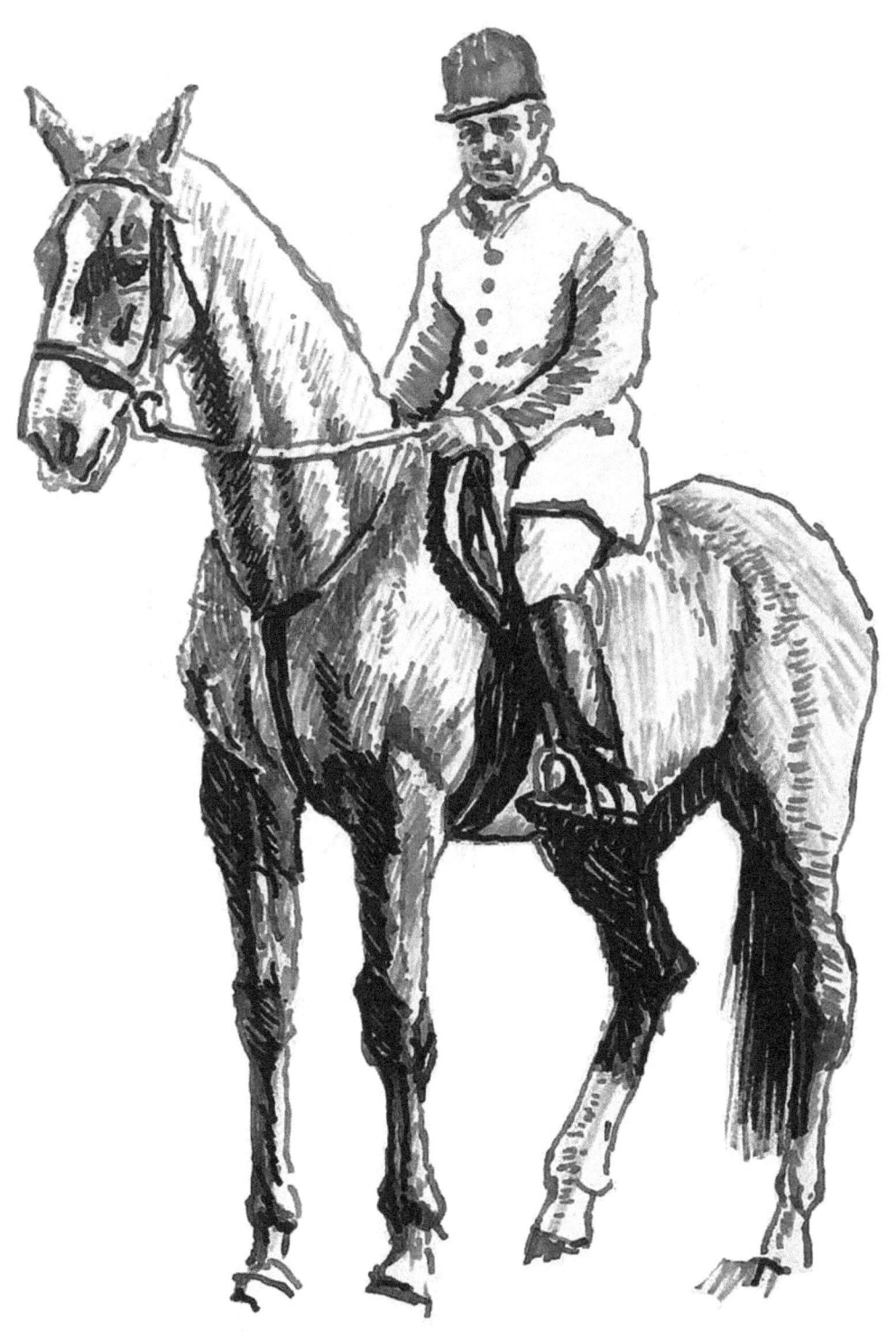

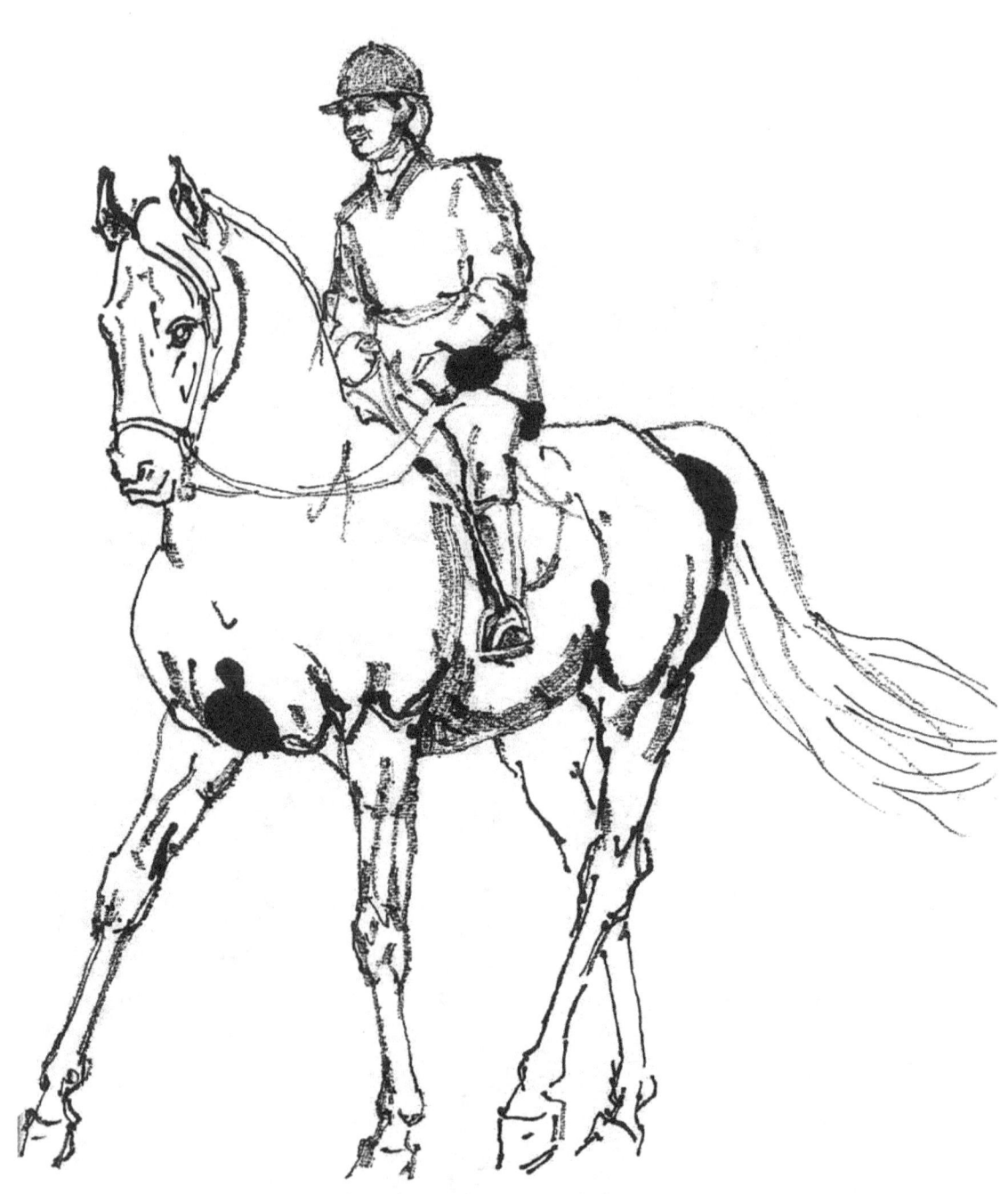

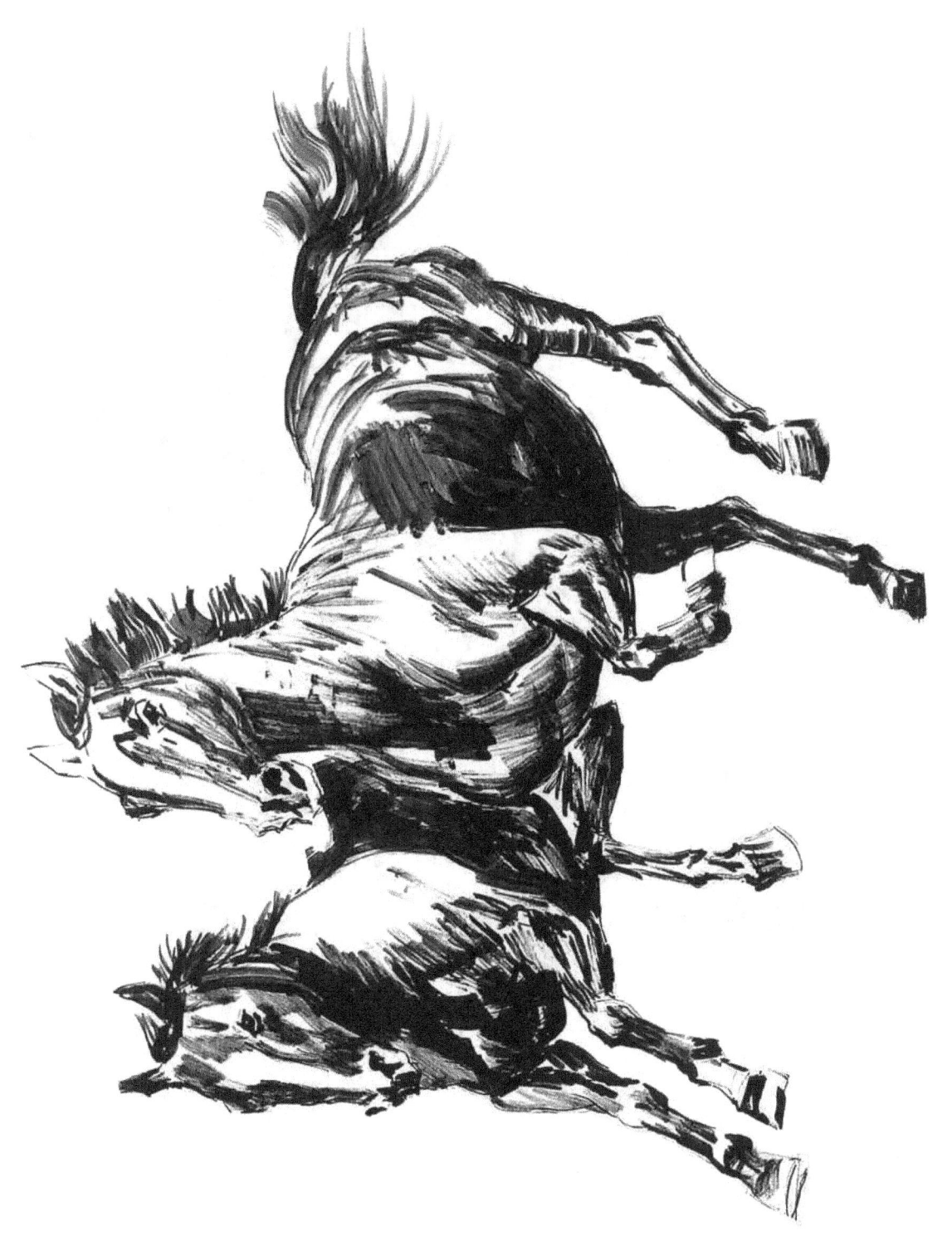

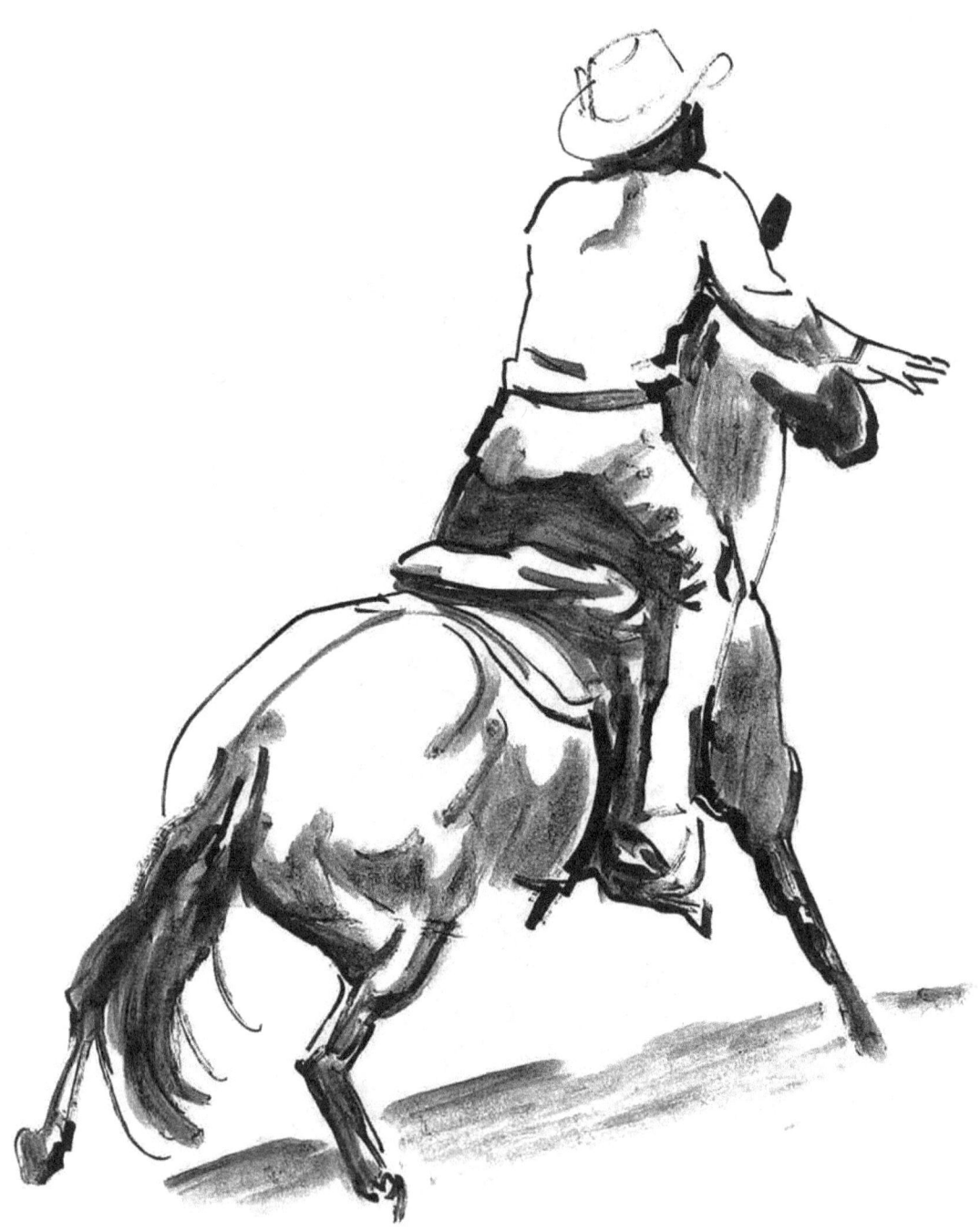

图书在版编目(CIP)数据

钢笔画：马／丁汉平绘．－－上海：上海书画出版社，
2015.3
ISBN 978-7-5479-0974-4

Ⅰ．①钢… Ⅱ．①丁… Ⅲ．①马－钢笔画－绘画技法 Ⅳ．①J214.2

中国版本图书馆CIP数据核字(2015)第060841号

钢笔画·马

丁汉平　绘

责任编辑	吴　迪
审　　读	沈培方
封面设计	丁汉平　王　峥
技术编辑	包赛明

出版发行	上海世纪出版集团
	❷ 上海书画出版社
	中国图书进出口上海公司
版次	2015年4月第1版
书号	ISBN 978-7-5479-0974-4

www.ingramcontent.com/pod-product-compliance
Lightning Source LLC
Chambersburg PA
CBHW081814220526
45470CB00006B/2312